T0316721

LA MAISON AUX PANONCEAUX

LA MAISON AUX PANONCEAUX

par
Lady Frazer

Cambridge:
at the University Press
1914

CAMBRIDGE
UNIVERSITY PRESS

University Printing House, Cambridge CB2 8BS, United Kingdom

Cambridge University Press is part of the University of Cambridge.

It furthers the University's mission by disseminating knowledge in the pursuit of education, learning and research at the highest international levels of excellence.

www.cambridge.org
Information on this title: www.cambridge.org/9781107455825

© Cambridge University Press 1914

First published 1914
First paperback edition 2014

A catalogue record for this publication is available from the British Library

ISBN 978-1-107-45582-5 Paperback

CLASSEMENT DES ILLUSTRATIONS

Ouvrages du même Auteur

Emile et Hélène.

Monsieur Blanc.

Bébé (Scenes of Child Life).

Scenes of Familiar Life.

Le Théâtre à l'Ecole.

La Famille Troisel.

French plays for Schools.

Contes des Chevaliers.

Berthe aux grands Pieds.

Petites Comédies.

Chevaliers de Charlemagne.

Amis et Amiles, Aiol.

Asinette.

Je sais un Conte.

Le Chalet Porcinet

Victor et Victorine

CHAPITRE I

Dans la petite ville de Mural, à l'angle formé par la rue des Dîmes et la rue des Jacobins, se trouve une vieille maison, aux contrevents gris, à l'aspect froid et sévère, appelée, on ne sait trop pourquoi, l'hôtel du Vieux-Château. La tradition ne parle d'aucun château dans les environs, mais on a conservé son nom à la vieille demeure, et on la montre aux touristes comme la plus ancienne de l'antique cité de Mural.

En face de l'hôtel du Vieux-Château, dans la rue des Dîmes, se trouve une autre maison encore plus remarquable; elle date du xiie siècle et mérite d'attirer l'attention d'abord par les panonceaux qu'elle porte, et puis surtout par ses ornements en zigzag, signes irrécusables du style roman secondaire. Ces vieilles habitations ont été miraculeusement épargnées par les guerres ; les révolutions ne les ont point touchées, et la pioche des démolisseurs modernes ne les a pas encore frappées. Un peu plus haut on voit l'ancien couvent des frères prêcheurs, avec son réfectoire et ses caves qui ont gardé leur cachet moyen-âgeux. Ce fut, dit l'histoire, Raoul de Marboy qui, au retour des croisades, fonda ce monastère, et fit construire la belle église Saint-Jean dont les boiseries artistement sculptées représentent des scènes de la Bible. Cette église possède en outre une Vierge et deux ou trois statues en marbre qu'on attribue au ciseau d'un fameux sculpteur de la Renaissance.

Grâce à ses monuments, la ville de Mural est connue des archéologues ; mais d'ordinaire le voyageur, distrait et pressé, ne jette qu'un coup d'œil rapide et indifférent sur cette cité privilégiée, aux sombres ruines mais aux riantes promenades. Son aspect calme pourrait cependant être trompeur ; car les dissensions, les querelles et les disputes de famille y règnent depuis des siècles ; et ces discordes sont souvent plus cruelles que les guerres et que les révolutions. La maison qui porte le No. 5, rue des Dîmes, appartient à maître Tarpet, notaire, ainsi que l'annoncent les panonceaux placés au-dessus de la porte. L'hôtel du Vieux-Château est actuellement la propriété de la famille de Saint-Ménard. Les de Saint-Ménard et les Tarpet ne se connaissent point. La légende rapporte qu'une inimitié héréditaire, remontant à l'époque de Louis XVI, les sépare. L'histoire n'est pas certaine si c'est un Tarpet qui a fait affront à un de Saint-Ménard, ou bien si un de Saint-Ménard a insulté un Tarpet ; ce sont là des vétilles qui importent peu ; on se borne à constater qu'il y a eu affront au temps jadis ; et jamais à Mural, où les siècles ne comptent guère et où les années ne comptent point, un affront n'est pardonné.

Madame de Saint-Ménard est fort pieuse, elle va à la messe de huit heures tous les matins ; madame Tarpet ne manque jamais cet office ; mais ces dames s'arrangent soigneusement pour monter à l'église Saint-Jean chacune de leur côté ; elles se guettent parfois longuement à travers les transparents rideaux de tulle qui garnissent leurs croisées pour ne jamais se rencontrer. Maître Tarpet, qui cumule les fonctions de notaire et de maire, salue son voisin lorsque le hasard le force absolument à cette politesse. Monsieur de Saint-Ménard rend le salut avec cette nuance de hauteur et de civilité dont les bons provinciaux seuls possèdent le talent ; un étranger n'y verrait que du feu, et un Parisien s'amuserait prodigieusement de ces mièvreries. Mais à Mural il y a un protocole sévère ; tous les enfants le connaissent et s'y conforment, car ces lois implicites mais immuables ont toujours existé, et l'on prétend dans le pays que ce qui a toujours été sera toujours, et sera toujours bien.

L'aspect des deux voisins contraste beaucoup plus que leurs caractères. Maître Tarpet, grand, sec, aux coudes pointus, est tout en angles. Son voisin, le propriétaire de Saint-Ménard, est petit, court, aux épaules noyées dans la graisse. Celui-ci a un fils, et le notaire a une fille charmante, vive, fine, gracieuse, jolie, élégante. Sa mère l'habille coquettement, et ne lui permet guère de faire un pas sans être accompagnée. Le dimanche après-midi, sur les remparts, tandis que tout Mural se promène au son de la musique militaire, le jeune de Saint-Ménard, âgé de vingt-trois ans, regarde parfois mademoiselle Tarpet qui baisse les paupières et trottine allègrement au bras de son père ; elle est déjà aussi grande que sa mère, quoiqu'elle n'ait pas encore dix-sept ans. Les familles ennemies se croisent et se recroisent ainsi chaque dimanche, sans paraître se voir. Julien de Saint-Ménard balance sa canne de jonc à pomme d'or, et caresse une moustache presque invisible. Aline Tarpet joue avec son ombrelle, cause avec ses parents, et relève gentiment le pan de sa robe longue à laquelle elle n'est pas encore tout à fait habituée. Chaque semaine le même manège se répète, et jamais, jamais il n'arrive rien de nouveau ; les paisibles jours se suivent, tous pareils et sans interruption, comme les perles d'un collier. Cette monotonie fait le désespoir d'Aline, mais elle garde pour elle ses sentiments, car à Mural une jeune fille bien élevée se soumet aux usages ; or l'usage exige qu'une jeune fille bien élevée soit heureuse chez elle, et d'une humeur égale et enjouée. Le piano et les gammes, la tapisserie et l'aquarelle, les œuvres pieuses, par-ci, par-là, une réunion de la société de bienfaisance, le dîner hebdomadaire chez la tante Berthe, la visite de monsieur le curé tous les jeudis, une partie de whist jouée à trois, en silence, avec un mort, voilà bien de quoi suffire aux distractions d'une enfant de bonne maison.

La seule chose qui amusât Aline, c'était sa leçon d'anglais, deux fois par semaine ; on lui permettait de lire avec sa maîtresse le roman de *John Halifax, gentleman* ; la vieille tante, Berthe Tarpet, faisait des remontrances à ce sujet, car elle n'aimait pas les innovations, et disait souvent : '' A quoi peut bien servir la connaissance de l'anglais, et la lecture de *John Halifax, gentleman*, à une fillette, née à Mural, qui se mariera infailliblement à Mural et qui passera inévitablement le reste de ses jours à Mural, pour être finalement enterrée dans la tombe de ses pères? '' Madame Tarpet, quoique fort douce, tenait tête à sa belle-sœur : Aline sera une jeune fille accomplie, et pour cela il faut qu'elle sache l'anglais, puisque bientôt, c'était le journal du soir qui le disait, on ne parlerait plus qu'anglais en France.   On avait beau répéter à la notairesse que les plaisanteries des journalistes ne signifiaient rien, elle s'obstinait à tel point qu'elle-même suivait régulière-ment les cours de sa fille et lisait, mais à la dérobée, *John Halifax*. C'était peut-être aussi afin d'être absolument certaine que la lecture de ce volume était convenable pour l'enfant.   Du reste le petit roman intéressait beaucoup la brave dame, et elle se récréait en le lisant.   Le notaire, lui, haussait les épaules et ne disait rien ; il trouvait qu'ap-prendre l'anglais, faire des arpèges ou coudre à la méca-nique, c'était l'affaire des femmes.   Dès le lendemain de son mariage, il avait soigneusement et catégoriquement établi un ministère de l'intérieur pour sa femme ; et pour lui-même, un ministère des affaires étrangères où il dé-ployait une grande activité.   Ses occupations multiples l'appelaient souvent au dehors, et sachant que chez lui tout était réglé comme à du papier musique, il laissait sa femme vaquer à ses affaires, sans se soucier autrement de la surveiller.

A l'hôtel du Vieux-Château, les choses se passaient de façon identique. Monsieur de Saint-Ménard était heureux en ménage. Sa femme, encore jeune et active, égayait la vieille habitation par son caractère enjoué et son invariable bonne humeur. Ménagère accomplie, elle était tenue pour le miroir des plus belles qualités. Dans la maison, dans un ordre méticuleux, tout brillait, tout reluisait dans les vastes chambres aux lambris sculptés. Julien faisait le bonheur de ses parents ; c'était un garçon bien découplé, de bonne mine, rangé, et de complexion douce. Il rêvassait peut-être un peu trop et il était fort distrait, ce qui lui occasionnait bien des déconvenues. Il y avait au Vieux-Château une excellente bibliothèque, héritage d'un grand-père bibliomane. Julien y passait ses heures de récréation. Il lisait surtout les récits d'aventures, se passionnait pour Don Quichotte, et s'enthousiasmait de Gil Blas. Au lycée, il avait appris un peu d'anglais ; car la mode de cet enseignement avait pénétré jusqu'à Mural. Une traduction d'Ivanhoe lui donna le désir de lire cette histoire dans l'original, et, à l'aide d'un dictionnaire et d'une grammaire, il s'arrangea pour étudier Walter Scott. Ce fut une joie de bien des jours. Julien était aussi fort adroit aux sports, et s'adonnait surtout à la bicyclette et à l'équitation. Au fond, c'était un exalté ; il ne rêvait que voyages et il voulait avant tout voguer sur mer ; il souhaitait voir les tropiques, les forêts vierges, et la Croix du Sud ; il avait soif de l'inconnu ; mais, en garçon bien élevé, il ne laissait rien paraître de ses désirs, et se soumettait docilement quand son père l'initiait, petit à petit, au rôle de propriétaire, et inspectait avec lui les terres qu'il possédait aux confins de la petite cité provinciale. Julien savait qu'il serait destiné à vivre des jours tranquilles à Mural, comme il en avait toujours été chez les de Saint-Ménard depuis l'origine des temps. On n'avait pas encore choisi de carrière pour lui ;

mais il avait décidé que, comme ses pères, il ne ferait rien. Tôt ou tard, on le marierait convenablement à une demoiselle de la ville, riche, jolie, pourvue de toutes les vertus de ce monde, et qui, selon l'usage immémorial et d'après les rites usuels dans la cité de Mural, arrondirait ainsi ses propriétés. Déjà, on parlait au jeune homme de partis sortables et somptueux, de mademoiselle X., ou de mademoiselle Z. Il ne disait pas non positivement, il avait l'air de réfléchir, mais sa pensée errait vers les palmiers du désert, ou vers les cimes neigeuses des Andes, et, à part lui, il avait résolu fermement de rester garçon et de garder sa liberté. Il est vrai que le dimanche, sur les remparts, et surtout quand la musique militaire jouait une valse sentimentale, Julien regardait parfois Aline Tarpet, toute rose et blanche sous son ombrelle, et il se disait qu'il ferait bon de voyager sur mer, ou même en ballon, avec une personne aussi gracieuse et aimable. Quel charmant camarade elle ferait ! Mais il ne fallait pas y songer, puisque les familles étaient ennemies, et que cette inimitié durait depuis toujours. Julien, résigné, rentrait alors au Vieux-Château, se replongeait dans des romans, et oubliait l'heure en rêvant à des voyages fantastiques ; mais ses parents ne se doutaient de rien, ils étaient satisfaits de le voir si studieux et si casanier, et se félicitaient de l'éducation qu'ils avaient donnée à ce fils unique. C'était en effet un garçon modèle.

CHAPITRE II

La famille Tarpet possédait un jardin magnifique ; il donnait derrière la maison aux panonceaux et descendait jusqu'aux remparts de la ville. C'était un véritable jardin français où l'art n'était pas caché ; la symétrie y régnait avant tout, et l'ordre y était représenté comme dans les parcs célèbres du XVIIe siècle. La rigidité géométrique n'était pas absolue, mais les massifs étaient bien formés, les parterres étaient sertis de buis taillé artistement, les grands arbres alignés formaient de belles avenues ombreuses, et la pelouse, à surface plane, descendait en pente douce jusqu'à la clôture. Une allée transversale, couverte d'un berceau de vigne et de rosiers, conduisait jusqu'à une tonnelle en treillage, devant laquelle il y avait une fontaine et un banc de pierre. De ce banc, la vue était superbe ; on voyait les monuments et les ruines de la vieille cité au-delà des fossés, et le fleuve qui serpentait au loin dans les prairies bordées de forêts. En été la famille Tarpet restait tranquillement à Mural. Les hommes trouvent toujours qu'un déplacement inutile est une folie ; le notaire était de ce nombre, et la notairesse était invariablement et en toutes choses du même avis que son mari. Aline n'avait pas encore le goût des voyages. On était heureux chez soi ; on y avait tout ce que le cœur pouvait désirer ; on n'en demandait pas davantage. Durant les grandes chaleurs, les Tarpet prenaient tous leurs repas sous l'abri formé par la tonnelle. On y avait aménagé une armoire où étaient rangés la vaisselle, les verres, et les couverts affectés à cet usage ; la grosse Marguerite, toute rouge et toute essoufflée, y apportait, de son pas lourd, les plats succulents qu'elle préparait avec un art qui ne subsiste encore qu'en province. Baptiste, le jardinier, qui avait épousé Marguerite, aidait au service.

Chaque mets était goûté et discuté ; on n'était pas avare de louanges pour la brave cuisinière ; c'était la seule récompense qu'elle souhaitât ; et souvent elle restait plantée debout à regarder manger ses maîtres, heureuse de les voir satisfaits. Si monsieur Tarpet ajoutait une pincée de sel ou de poivre à la sauce, c'était un désastre :

—" Comment ! monsieur, je n'ai donc pas assaisonné au goût de monsieur ? " et les larmes montaient presque aux yeux de la fidèle domestique. Aussi les Tarpet appréciaient-ils fort leurs serviteurs ; ils étaient pour ainsi dire de la maison ; on les initiait à tout ce qui se passait, et à tout ce qui allait se passer. Marguerite avait vu naître et grandir Aline et était pour elle d'un dévouement de terre-neuve. Du matin au soir c'était " Marguerite ! " par-ci, et " Marguerite ! " par-là ; jamais la bonne ne s'impatientait quand il s'agissait de satisfaire un caprice de la jeune fille ; mais, tout en ayant un profond respect et un attachement sincère pour ses maîtres, elle bougonnait parfois entre ses dents quand Mme Tarpet lui donnait un ordre. Elle adorait aussi le caniche, Noiraud, parce qu'Aline adorait cet animal. C'était cependant un chien peu aimable, âgé, infirme, d'une mauvaise humeur inaltérable ; à l'exception de la maisonnée, il détestait le monde entier. Il avait une aversion extrême pour le facteur, ainsi que pour l'employé du chemin de fer, et les cyclistes le mettaient en fureur ; on n'osait pas ouvrir la porte grillée de la clôture qui donnait sur la grande route, de crainte que Noiraud n'en profitât pour se jeter sur les voyageurs. Il avait l'air de leur dire : " Que faites-vous là, vous autres ? Ne savez-vous pas que vous troublez le repos de mes maîtres ? Comment osez-vous passer ce jardin, si beau et si tranquille, pour le couvrir de poussière, et pour effrayer les oiseaux qui chantent sous les ormes vénérables ? '' Les voyageurs n'y entendaient rien, et ne voyaient qu'un vilain chien hargneux auquel ils donnaient des coups de cravache ou de parapluie. Aussi les Tarpet faisaient-ils bien attention de fermer la petite porte, et on ne l'ouvrait qu'avec des précautions infinies.

Par une de ces brûlantes après-midi de juillet où tout n'est que chaleur et poussière, Aline était restée seule dans le pavillon à lire consciencieusement son *John Halifax, gentleman,* un dictionnaire à portée, et Noiraud à ses pieds, dormant d'un œil, guettant les mouches de l'autre. Monsieur Tarpet était parti pour la mairie, Marguerite lavait la vaisselle dans sa cuisine, aidée de Baptiste, tandis que la notairesse était assoupie au salon, car les volets clos le rendaient frais et propice à la sieste.

Voilà Noiraud qui se met tout à coup à grogner en montrant les dents ; de loin, on entend le grelot d'une bicyclette ; le caniche s'élance vers la clôture et disparaît en faisant un vacarme épouvantable. Comment ? La petite porte était donc restée ouverte ? Quelle négligence ! Aline se précipite, laisse tomber à terre *John Halifax,* dont les feuillets s'éparpillent, et court calmer son chien. La porte était bien fermée ; mais, à côté, dans la clôture il y avait une brèche, faite sans doute, le jour même, par une vache au pied impatient. Noiraud jappait toujours plus fort, mais ne répondait pas à l'appel de sa maîtresse. Aline tire donc le verrou pour ouvrir la petite porte et faire rentrer sa bête ; et devant la grille, sur un tas de cailloux, elle aperçoit un jeune homme, la figure ensanglantée ; sa machine gît au milieu de la route, et Noiraud, la queue entre les jambes, court du cycliste à sa maîtresse, et fait un bruit à réveiller les morts. Le jeune homme ne bouge pas. " Il a cessé de vivre ! " se dit Aline ; et elle se met à appeler à grands cris. Justement le garçon boulanger passait par là avec sa voiture ; il descend de son siège, malgré les aboiements de plus en plus furieux de Noiraud, il regarde le cycliste à terre, le relève, et, avec l'aide d'Aline, le porte dans le pavillon.

"Tu auras désarçonné ce pauvre jeune homme!" dit l'employé à Noiraud en lui montrant le poing. Il y a longtemps qu'il connaît et qu'il déteste le vieux chien. En attendant Aline a tiré son mouchoir, et l'a trempé dans la fontaine pour laver le front du blessé, méconnaissable sous sa couche de sang et de poussière. Le boulanger desserre le col du jeune homme quand arrive un garde-champêtre attiré par les aboiements de Noiraud et par ce fait insolite que la grille de la clôture est ouverte. Il examine l'homme inanimé en disant: "Ce n'est rien, mademoiselle; ce n'est qu'un évanouissement." Puis, relevant la bicyclette, il fait les constatations d'usage, et dit: "Je vais chercher le médecin, mademoiselle. Continuez à mettre des compresses sur le front du blessé." Sur ces entrefaites, arrive enfin Baptiste, du fond de la cuisine; il allait justement passer la pelouse au rouleau; il est bien étonné de trouver sa jeune maîtresse lavant le front d'un cycliste inconnu. Un instant il reste bouche bée, se grattant la tête pour se demander s'il rêve; puis, portant ses deux mains ouvertes à ses lèvres, il crie: "Marguerite! Marguerite!" Mais Marguerite ne se presse pas toujours de répondre à l'appel de son mari, et ses grosses jambes ne savent pas courir. Aline ne s'occupe que du blessé, et le recommande à tous les saints du Paradis. Baptiste alors trempe son mouchoir à carreaux dans la fontaine, et, doucement, avec cette adresse innée aux jardiniers, il éponge la figure de l'inconnu. Celui-ci pousse une légère plainte. Aline rougit de joie en remarquant que les cils du blessé commencent à remuer. Baptiste, après avoir relavé le visage du jeune homme, s'écrie tout à coup: "Mais c'est le fils à monsieur de Saint-Ménard!" "Julien de Saint-Ménard!" dit Aline. A ces mots Julien,

"Il a cessé de vivre!"

car c'était bien lui, eut un petit battement de paupières, mais il ne donna pas d'autre signe de vie. Aline se laissa tomber sur le banc de pierre. " Julien de Saint-Ménard ici ! Que dira papa ? Que dira maman ? " Et elle se mit à crier : " Marguerite ! Marguerite ! "

La vieille bonne accourut aussitôt, toute blême de frayeur en voyant sa jeune maîtresse, pâle comme un cierge, auprès d'un jeune blessé, plus pâle encore. Noiraud se tenait dans un coin, la queue entre les jambes. Il se savait coupable, car les chiens ont la conscience d'une délicatesse extrême. Marguerite envoya son mari réveiller la notairesse, puis elle se mit à soulever le cou du cycliste, et essaya de lui donner à boire ; mais ce fut peine perdue. Le garde-champêtre revenait justement avec le docteur, qui avait apporté sa trousse. L'homme de science fit étendre Julien sur le canapé du pavillon, le palpa longuement et soigneusement, constata qu'il y avait un ébranlement du cerveau occasionné par la chute, pansa les contusions du visage et des mains, mit un bandage à la cheville, et dit : " Il faut laisser le malade sur ce canapé sans le bouger. Cela durera peut-être longtemps, mais je ne réponds de sa vie qu'à cette condition." Madame Tarpet, tout essoufflée, arriva à temps pour entendre ces paroles ; elle reconnut Julien, et, se tournant vers Aline, elle s'écria : " Que dira ton père ? " Puis la bonne dame songea à demander une explication :

—" Et comment se fait-il que je n'aie rien entendu ? Par où sont entrés le docteur et le garde-champêtre ? Comment ! par la grille de la clôture ? J'avais pourtant bien recommandé qu'on...

— Madame, dit Marguerite en interrompant sa maî- tresse, il faudrait prévenir les voisins.

— Quels voisins ?

— Monsieur et madame de Saint-Ménard. On ne peut pas garder leur fils unique ici sans les prévenir.

— C'est vrai, ma brave fille ; mais que dira monsieur Tarpet ?

— Il dira, madame, il dira…ce qu'il voudra.   Quand il s'agit de vie et de mort…

— Mais qui ira prévenir les pauvres parents ?

— Moi, j'irai, maman, dit Aline ; je les préviendrai doucement et je les rassurerai, puisque le docteur Lebas répond de la vie de Julien.

— Julien ? dit Mme Tarpet alarmée, car avant tout elle était mère.

— Monsieur de Saint-Ménard, si tu préfères, maman. Allons, j'y vais ; il n'y a qu'un pas, de chez nous, je n'ai qu'à traverser la rue.

— Mais tu n'as pas ton chapeau, chérie, et tu ne peux pas aller seule là-bas.

— Peu importe, maman.   Si j'étais blessée, aimerais-tu qu'on te fasse attendre pour t'appeler auprès de moi ? —Marguerite, accompagne-moi jusqu'à l'hôtel du Vieux-Château ; mais j'entrerai seule, tu comprends bien.   Toi, maman, reste avec Julien ; il ne faut pas le bouger.   Toi, Baptiste, tu ferais bien de courir à la mairie chercher papa.''

Aline donnait ses ordres comme un général à la veille d'une bataille.   Tel un papillon échappé de sa chrysalide, Aline émue et effrayée, était tout à coup devenue femme.   Ce n'était plus une enfant ; et, seule entre tous, elle avait gardé son sang-froid et sa présence d'esprit. Madame Tarpet croyait à un cauchemar.   ''Comment ! le fils des ennemis d'en face était là, chez elle, dans son pavillon ; il était inerte, malade, blessé, peut-être mourant, et c'était Aline qui le soignait, c'était Aline qui l'avait trouvé sur la route, c'était….Mais que dira monsieur Tarpet ? ''

Aline, gracieuse dans sa toilette blanche, son beau visage d'ordinaire si gai devenu grave, presque sévère, s'avançait vers le Vieux-Château, non sans émoi ; Marguerite suivait la jeune fille ; elle tira vivement la patte de lièvre qui faisait fonctionner la sonnette de la grande porte chez les voisins. " Merci, Marguerite ; maintenant va rejoindre maman," dit Aline. Sur ces entrefaites, un vieux domestique, aux favoris roux nuancés de gris, ouvrit la porte. Il resta ébahi en voyant la demoiselle d'en face sur le pas de la porte.

" Mademoiselle demande ?

— Monsieur et madame de Saint-Ménard. C'est très pressé ; il est arrivé un accident à leur fils.

— Un accident à monsieur Julien ! Et monsieur qui est en Suisse ! "

Aline mit un doigt sur ses lèvres et dit :

" Laissez-moi prévenir madame de Saint-Ménard. Le cas est très grave, mais il n'est pas désespéré."

CHAPITRE III

Madame de Saint-Ménard, en bonne provinciale, se tenait beaucoup dans sa chambre à coucher. Dans ce vaste appartement, lambrissé et tapissé de vieille perse, on voyait un lit de forme ancienne, surmonté d'un baldaquin ; une belle guipure le couvrait sur un transparent rose ; au chevet du lit, un crucifix d'ivoire. La toilette était une merveille d'ébénisterie. Dans le coin, près de la cheminée, se trouvait une chaise longue Louis XVI, et un guéridon chargé de livres et de paniers à ouvrage. Les persiennes, à demi closes, laissaient filtrer un jour doux et agréable, qui se reflétait dans les glaces à vieux cadre, et sur les portraits de famille suspendus aux murs.

Sous la fenêtre, qui donnait sur la cour, une bergère en vieille tapisserie invitait au repos.

Madame de Saint-Ménard, née de Huelgat, était aussi fière de son nom que de ses ancêtres. C'était une personne très simple de goûts, et d'une douceur exemplaire. Ses cheveux, blanchis de bonne heure, donnaient à son visage un aspect solennel. Elle passait ses journées de façon calme et agréable ; s'occupait de son intérieur, soignait les oiseaux de sa volière, et ses plantes, ou bien raccommodait ses dentelles. Très pitoyable aux malheureux, les œuvres pieuses l'occupaient beaucoup ; les offices de l'église, la broderie de chasubles et de nappes d'autel, quelques visites à faire et à recevoir, c'était de quoi remplir le reste de son temps. Ses journées s'écoulaient vite parce qu'elles étaient organisées. Il faisait bon se laisser vivre ainsi. Elle consacrait, matin et soir, une demi-heure à la lecture d'un ouvrage de piété ; ne lisait jamais de romans, et ne jetait qu'un coup d'œil distrait et rapide sur le journal quotidien. Pour être au courant de tout, elle s'en remettait à " ses hommes " ; et, au déjeuner de midi, on lui racontait toutes les nouvelles de la ville et du pays. Ce déjeuner était une véritable cérémonie ; il se prolongeait indéfiniment ; les aliments les plus délicats se succédaient à intervalles assez longs pour permettre parfois une petite promenade au jardin. La seule personne despotique du Vieux-Château était la vieille cuisinière, Joséphine. Elle menait le ménage à la baguette, et les maîtres de la maison se soumettaient de bon gré, et presque à leur insu, à cette tyrannie éclairée et bienveillante. Ils savaient que jamais un plat n'était manqué, et que tout était préparé avec un soin digne des plus grands éloges. Joséphine, le cordon bleu, avait pour maxime que les gens doivent attendre les plats, et que jamais le contraire ne devrait être permis. Un bon rôti, par exemple, doit être servi au moment

même où on l'enlève à la broche ; aussi, avant de servir
un plat, dépêchait-elle son neveu, le valet de chambre
Jérôme, l'homme aux favoris roux, pour appeler la famille,
si par hasard celle-ci s'était enfoncée par trop loin dans
les massifs du jardin. Jérôme disait alors à madame de
Saint-Ménard: " Le gigot de madame est servi." Et vite,
vite, on courait se remettre à table, et chacun de reprendre
sa serviette et de s'en enfoncer un coin dans le cou ; on dis-
cutait le rôti tout en le découpant et tout en le savourant.
Dans presque toutes les maisons de Mural, il en était
ainsi ; dans ce petit endroit paisible les repas formaient
les gros évènements de la journée, et chaque propriétaire
se piquait d'avoir la meilleure cuisinière de la ville.

Le jour de l'accident de Julien, on avait déjeuné au
Vieux-Château plus tôt que d'ordinaire, et de façon plus
succincte ; car le jeune homme voulait faire une longue
course à bicyclette, avec un sien ami qu'il allait rencontrer
à quelques kilomètres de chez lui ; pour lui faciliter cette
promenade, on avait un peu pressé Joséphine ; celle-ci
relavait ses assiettes avec bruit, et en maugréant à voix
basse ; Jérôme rangeait l'argenterie du buffet, quand le coup
de sonnette d'Aline retentit à la porte. La maîtresse de
la maison était dans sa chambre comme d'ordinaire.

Madame de Saint-Ménard avait élevé Julien avec
l'amour et le soin qu'une mère donne à son fils unique ;
mais elle n'était point égoïste dans son affection ; elle
avait laissé à Julien sa liberté de jeune homme. Elle
craignait beaucoup, dans son for intérieur, les accidents
qui peuvent survenir aux jeunes gens d'aujourd'hui avec
leur manie de sport et d'athlétisme ; mais la brave mère ne
laissait rien paraître de ses craintes ni de ses anxiétés ; et
cependant, quand Julien partait ainsi en excursion et
à bicyclette, elle s'enfermait chez elle ; elle calculait les
probabilités, supputait les distances, se forgeait maintes
raisons pour expliquer les retards ; et elle faisait des

prières à saint Christophe, le patron des voyageurs, et disait son chapelet. Son rosaire était une merveille d'orfèvrerie ; les grains étaient de topaze brûlée, et c'était un bijou héréditaire qu'avaient égrené des générations d'aïeules. On disait dans la famille de Huelgat qu'il avait appartenu à l'un des papes d'Avignon, qui, lui, descendait d'un croisé.

Dans la pénombre de sa belle chambre, madame de Saint-Ménard égrenait justement son rosaire quand Jérôme, blême et essoufflé, frappa à la porte, et, au mépris de toute consigne, l'ouvrit immédiatement en introduisant : " Mademoiselle Tarpet ! "

Madame de Saint-Ménard crut rêver, en voyant entrer chez elle à cette heure, et sans être annoncée, la fille de leur voisin et ennemi. Que signifiait cette visite insolite ? Aline rougissait jusqu'à la racine des cheveux, et pâlissait tour à tour. Elle avait le sérieux précoce et un peu inquiet que donne la transformation de l'enfant devenue subitement femme. Ses genoux semblaient mal la porter, ses jambes se dérobaient presque ; mais elle s'avançait vers la vieille dame ; celle-ci laissa échapper de ses mains le fameux chapelet qui roula sur le tapis.

" Madame, dit Aline, toute gracieuse, malgré son trouble, sa timidité se dissipant à la pensée de sa mission, pardonnez-moi de vous apporter une mauvaise nouvelle....

— Julien ! s'écria madame de Saint-Ménard, en se levant en sursaut.

— Oui, madame ; mais rassurez-vous, le docteur ne croit pas le cas désespéré.

— Le docteur ? Désespéré ? Julien ?

— Chère madame, dit la gentille enfant, en prenant les mains de la vieille dame, venez avec moi. Votre fils est tombé de bicyclette à notre porte ; il a un ébranlement du cerveau, mais il est en vie et il guérira, le docteur en répond."

Une mauvaise nouvelle

Tout en parlant, Aline avait passé son bras sous celui
de madame de Saint-Ménard et la menait doucement vers
l'escalier à balustrade, orné d'anciennes tapisseries et
d'écussons brodés. Dans les moments de grande émotion,
certains détails insignifiants semblent se fixer sur notre
rétine; et, de toute sa vie, Aline n'oublia jamais l'antique
escalier du Vieux-Château, et la belle chambre à tentures
de fleurs de madame de Saint-Ménard; les plus petites
particularités de l'appartement s'étaient fixées indélé-
bilement dans son souvenir. La pauvre mère marchait
comme hypnotisée à côté de la jeune fille, et se laissait
conduire ainsi que le ferait une aveugle, tout en murmurant : " Julien, mon fils, mon fils ! " Elles gagnèrent
ainsi la porte de la maison aux panonceaux, traversèrent
le vestibule et le grand jardin, pour arriver enfin au pavillon où le jeune homme, sans connaissance, était étendu sur
le sofa, le front bandé, les yeux fermés. Madame de
Saint-Ménard se mit à genoux auprès de son fils, et de
chaudes larmes tombèrent sur la main du blessé. Il poussa
un petit soupir sans ouvrir les yeux ; mais ce soupir, tout
faible qu'il était, remit du courage et de l'espoir au cœur
de la pauvre dame. Le docteur revenait justement,
ramenant avec lui une sœur de charité. Il ausculta de
nouveau le jeune homme et dit : " Tout ira bien, si on
m'obéit exactement." Il donna ses ordres à la garde,
puis, se tournant vers les dames, dit : " Il ne faut pas
bouger le blessé ; il faut le tenir ici, dans une tranquillité
et une immobilité absolue ; Sœur Marie-Madeleine fera
la garde de jour, madame de Saint-Ménard pourra faire
la garde de nuit.

— Ici ! chez le notaire Tarpet ? Mais c'est impossible,
docteur ; je veux soigner mon fils chez moi.

— Madame, dit l'homme de science, votre fils ne peut
pas être transporté. Félicitez-vous qu'il soit si bien ici,
dans ce pavillon, et chez des personnes qui auront, j'en suis

persuadé, tous les égards pour lui ainsi que pour
vous.

— Mais que dira monsieur de Saint-Ménard ?

— Que dira monsieur Tarpet ? s'écria la notairesse.

— Ces messieurs diront ce qu'ils voudront, mesdames ;
le blessé devra rester où il est, sinon je n'en réponds pas.

— Combien de temps cela peut-il durer ?

— Cela peut durer ainsi des jours, des semaines, même
des mois, madame.

— Des mois !

— L'essentiel, c'est non seulement de sauver la vie
du blessé, mais de lui sauver en même temps la raison.
Il y a ébranlement du cerveau, mesdames, et avant tout
il faut au malade un repos absolu.

— Mademoiselle Aline, il faudra renvoyer tout de suite
votre vilain chien ; c'est lui le coupable et il ferait trop
de bruit."

On raconta alors à madame de Saint-Ménard ainsi
qu'à madame Tarpet, qui ne comprenait encore rien à
l'affaire, comment l'accident était survenu.   Baptiste prit
Noiraud par son collier, et se chargea de le mener immédiatement chez un sien cousin qui avait une grande ferme
aux portes de la ville.   Marguerite arriva alors avec un
seau de glace que la garde avait demandée ; on en mit des
morceaux dans un petit sac en caoutchouc sur le front
du jeune homme, qui cette fois poussa un gémissement.
"Allons, tout va à souhait," dit le docteur, " je reviendrai
ce soir ; et, en attendant, j'ai d'autres malades à soigner."
Il répéta quelques ordres à la sœur, mit un doigt sur ses
lèvres en saluant les trois dames, et, ouvrant la grille de
la clôture, il remonta sur son tilbury dont le cheval partit
au grand trot.

Aline, dans un mouvement tout spontané et d'une
grâce adorable, prit la main de madame de Saint-Ménard
et la baisa ; puis, elle mit son bras autour du cou de sa

" Allons, tout va à souhait "

mère et l'emmena vers la maison. Madame de Saint-Ménard resta seule avec son fils et la garde dans le pavillon tout ombragé de vigne et tout embaumé de rosiers fleuris. Les guêpes et les mouches bourdonnaient au soleil, tandis que des papillons bleus poursuivaient des papillons roses de fleur en fleur.

CHAPITRE IV

LETTRE D'ALINE TARPET À SA COUSINE

A Mademoiselle Hélène Morin.
AU CHÂTEAU DU MESNIL, PRÈS VIZEAU.
(MEURTHE-ET-MOSELLE.)

MA BONNE HÉLÈNE,

Tu es bien étonnée, n'est-ce pas ? de recevoir une lettre de ma part, puisque nous devions nous voir chez tante Berthe dimanche prochain. Que veux-tu ? A Mural les jours suivent les jours, mais quelquefois, rarement il est vrai, ils ne se ressemblent pas. Je ne puis résister au désir de te raconter tout ce qui nous est arrivé depuis la semaine dernière.

Commençons donc par le commencement, ou par la fin ; je ne sais trop comment m'y prendre pour tout expliquer. D'abord, tu le sais, dimanche prochain j'aurai dix-sept ans accomplis ; me voici grande jeune fille, prête à faire mon début dans le monde, et je suis enfermée dans un pensionnat ! Je t'écris du couvent de Notre-Dame, à Paris, où je ne suis plus qu'une petite pensionnaire, à moitié timide, à moitié gauche ; une " nouvelle," quoi ! toute dépaysée et bien attristée parmi ses nombreuses compagnes. Il n'est plus question pour moi de bals et de soirées, ni de toilettes et de tennis; il ne s'agit plus que de suivre la règle, et de travailler. Je te vois d'ici, Hélène ; tu pâlis, tu crois que j'ai la vocation, et que je suis postulante au noviciat. Rassure-toi, ma bonne amie, il n'en est rien. Je compte faire mon entrée dans le monde, et ne manquer ni bal ni partie de tennis, l'année prochaine ; on me mariera sans doute l'année d'après à un brave jeune homme, selon l'usage de Mural et de notre famille. Sera-t-il blond ou brun? mon futur ! sera-t-il aimable, ou sévère? M'aimera-t-il à la folie? ou bien lui serai-je indifférente? Quels problèmes ! très chère, quels sujets à réflexion. Je désire un mari blond, à moustaches soyeuses ; je veux qu'il m'adore, et j'espère que je ne l'aimerai pas trop. Car c'est ennuyeux quand on aime trop les gens ; il vaut mieux être aimée. Mais quelle digression, et quel sujet à aborder quand on écrit d'un couvent ! La mère Elisabeth me regarde avec ses grosses lunettes, et a l'air de me dire : " Aline, vous écrivez des bêtises." Oui, j'écris des bêtises, et je recommence donc par le commencement.

Tu te rappelles Noiraud, mon vieux caniche noir ? Eh bien, Hélène, ma très chère, c'est à cause de lui que je suis à Paris, dans un couvent, portant l'uniforme d'une pensionnaire, mes cheveux aplatis et dans une résille, ayant à apprendre la grammaire et la mythologie ; moi, qui, à Mural, me croyais déjà un personnage d'une importance extrême ! Et tout cela parce que ma bête s'est jetée sur la bicyclette de notre jeune voisin et ennemi, Julien de Saint-Ménard. Après tout, ce n'est pas là le vrai commencement de l'histoire ; pour être juste envers Noiraud, il faut que je te dise que toute cette affaire est la faute d'une vache, criminelle inconnue, et qui, sans doute, est en train de paître avec mille remords dans une prairie voisine de notre jardin.

Voilà que tu t'impatientes, Hélène; j'entends que tu dis : " Avocat, passons au déluge ! "

Eh bien, le voilà, ton déluge :

La vache fait une brèche dans notre clôture ; Noiraud sort par le trou de la clôture ; il s'élance sur un bicycliste, car ce genre de sport l'a toujours violemment horripilé ; le bicycliste est désarçonné et jeté sur un tas de cailloux. Noiraud aboie avec férocité. J'ouvre la porte de la clôture pour voir ce qui arrive ; que vois-je ? Un bicycliste étendu sur le sol, sa machine à terre au milieu de la route. Je relève le malheureux, avec l'aide du garçon boulanger qui passait par là. Nous transportons le blessé dans le pavillon du jardin ; nous, c'est à dire moi, je lave la blessure avec mon mouchoir. Une fois le sang enlevé nous le reconnaissons, le malheureux ; c'est Julien de Saint-Ménard; on dirait qu'il est mort, mais il ne l'est pas. Quand je me suis écriée : " Julien ! " (tu sais comme je suis étourdie) ses paupières ont battu un instant. Tu me demandes : et que faisaient donc à cette heure monsieur et madame Tarpet, et où étaient tes braves et fidèles domestiques ? Eh bien, Hélène, Julien de Saint-Ménard a choisi, pour faire le mort à notre porte, l'unique heure de la journée où d'ordinaire on me laisse seule. C'était après le déjeuner, au moment où je prépare *John Halifax, gentleman* pour ma leçon d'anglais avec Miss Smithson aux longues dents. Avant cette aventure, je trouvais la lecture de *John Halifax, gentleman*, passionnante ; figure-toi que depuis la catastrophe, car cela en est une, et à plus d'un titre, ce roman anglais m'ennuie, et me semble insipide et banal. Mais passons, et parlons du blessé. Comme il ne donnait aucun signe de connaissance, un gardien de la paix est allé chercher le médecin, le docteur Lebas. Tu le connais; c'est un brave homme fort brusque. Il a palpé, ausculté et tapoté Julien en tous sens (je ne peux pas toujours ajouter de Saint-Ménard à son nom, et puis,

tu sais, le nom de Saint-Ménard n'est jamais prononcé
chez nous) ; donc, après avoir ausculté Julien, le docteur
a dit que le cas n'était pas désespéré, mais qu'il y avait
ébranlement du cerveau, et qu'il fallait au blessé une
complète immobilité. Bref, Julien blessé, sans connaissance, malade et infirme, doit rester chez nous, dans
notre pavillon où sa mère le soigne et le veille avec l'aide
d'une sœur à cornette blanche. Tu vois cela d'ici !
Je te passe l'arrivée de maman dont on a dû interrompre
la sieste ; je te passe également ma visite au Vieux-
Château, quoique je ne l'oublierai de ma vie.   C'est moi qui
ai été prévenir la pauvre mère, et qui l'ai amenée auprès
de son fils dans notre pavillon.   Je te passe bien des
choses, Hélène, ma chérie, on ne peut pas tout écrire ;
mais ce que je ne puis pas te passer c'est l'arrivée de papa
sur les lieux.   Un coup de théâtre, quoi !   Papa, qui a
nourri toute sa vie cette bonne et profonde inimitié de
famille, sans raison valable, contre nos voisins de Saint-
Ménard, voit tout à coup chez lui, dans son jardin, dans sa
tonnelle, le rejeton unique des Capulets, blessé, presque
mourant et à sa merci ; et c'était Juliette (ou Aline, si tu
préfères), non, c'était le chien de Juliette, Noiraud, qui
avait amené ce formidable ennemi dans la place ; ou
encore c'était la vache inconnue et criminelle.   Tableau !
mélodrame, tragédie, et le reste.
   Comme j'écris ces lignes la sœur Raphaël me demande :
" Mais qu'écrivez-vous donc ainsi, Aline Tarpet ? " Et moi
de lui répondre : " C'est du Shakespeare que j'écris."
Et la bonne mère de s'écrier : " Mais c'est très bien, mon
enfant ; je suis heureuse que vous ayez pris de meilleures
résolutions, surtout continuez dans cette bonne voie."
   La tragédie n'est pas encore complète.   Papa, après
avoir demandé mille explications à maman, qui ne savait
rien, et qui était toute étourdie de l'affaire, s'adressa à
madame de Saint-Ménard qui, elle non plus, ne savait

" Je te conduirai au Couvent "

rien, ou pas grand'chose. Mais il fut touché de l'air
de tristesse de la chère dame. Elle est adorable, la
mère de Julien, avec ses cheveux argentés et son air
grave et digne. Donc papa, qui est homme du monde,
fut charmant envers son ennemie, l'assura qu'on serait
enchanté (je n'en crois pas un mot) de garder Julien
chez nous, et puis, saluant à la Louis XIV la pauvre
mère éplorée, papa nous emmena, maman et moi, à la
maison. Il appela Baptiste, écrivit un télégramme avec
précipitation, montra le télégramme à maman, qui pâlit
mais qui ne dit rien. Tu sais que maman est toujours
de l'avis de papa, et s'il la consulte, c'est bien pour la
forme. Pauvre maman chérie ! Après cela on m'envoya
dans ma chambre, pour me rappeler cinq minutes après :
" Aline, dit papa, tu vas avoir dix-sept ans, dimanche
prochain.

— Oui, papa.

— Nous trouvons, ta mère et moi, qu'avant de faire
ton entrée dans le monde, il conviendrait de t'envoyer
à Paris.

— Oui, papa. (Mon front était radieux, et j'allais
sauter de joie.)

— J'ai donc télégraphié à la supérieure du couvent
de Notre-Dame (mon front se rembrunit), la priant de te
recevoir.

— Quand cela, papa ?

— Dès demain.

— Dès demain ! s'écria ma petite maman en larmes.
C'en était trop pour elle, la pauvre chérie ; elle tomba
accablée sur un fauteuil, puis se leva lentement et monta
dans sa chambre.

— Oui, Aline, il s'agit de faire tes paquets tout de
suite ; il n'y a pas un moment à perdre ; j'ai des affaires
à Paris, demain, et je te conduirai au couvent par la
même occasion."

Tu sais que papa n'est pas homme à laisser traîner les choses, et qu'il est inutile de lui faire la moindre réplique. Et voici donc comme quoi je suis ici, à Paris, sans voir Paris, puisque je suis enfermée au couvent, à cause de l'espièglerie de Noiraud, ou de la vache inconnue. Hélène, je suis malheureuse comme une pierre ici ; je ne puis te dire combien je suis triste. J'ai essayé de plaisanter en t'écrivant, mais j'ai le cœur brisé. Voilà la cloche qui sonne, et il faut finir cette longue épître. Envoie-moi donc une petite lettre, chère amie, et tu rendras heureuse

Ta cousine qui t'embrasse de tout son cœur

ALINE.

CHAPITRE V

LETTRE DE MADAME TARPET À SA FILLE

A Mademoiselle Aline Tarpet.
PENSIONNAIRE AU COUVENT DE NOTRE-DAME,
326, RUE DES SAINTS-PÈRES,
PARIS.

6 *août*, 1911.

MA TRÈS CHÈRE ENFANT,

Voici la première lettre que je t'écris de ma vie ; car nous ne nous étions jamais quittées. Je crois avoir fait un mauvais rêve quand je ne te trouve pas à la maison ; j'écoute à chaque instant dans l'espoir d'entendre ton pas léger sur l'escalier, mais tout ici est d'un silence morne et désespérant. On dirait que le soleil est voilé ; les oiseaux ne chantent guère, Baptiste est tout à fait abattu, Marguerite a tant de chagrin de ton absence qu'elle en oublie son fourneau et ses casseroles. Ton père fait mine d'être joyeux ; lui, qui n'est pas du tout musicien, chantonne quand il se met à table où l'idée de voir ta place vide me fend le cœur ; mais il ne réussit guère à me tromper, et je vois fort bien que tu lui manques comme tu me manques à chaque instant de la journée. La nuit, je ne puis fermer l'œil en songeant que tu n'es pas dans ta jolie chambre rose et blanche, si gaie et si gentille ; voilà ton petit nid tout vide ; et te voilà si loin dans ce grand Paris ! Ma chérie, es-tu heureuse ? Les bonnes mères du couvent sont-elles contentes de toi ? C'est à peine si je puis écrire, je n'arrive pas à retrouver mes esprits ; je suis si accablée du coup qui m'a frappée qu'il m'est impossible de me résigner à ton absence, tout en sachant que c'est pour ton bien. Ces journées de tourmente se sont tellement précipitées que je ne sais pas encore où j'en suis ; il me semble que j'ai reçu un coup de massue à la tête. Dimanche, tu auras dix-sept ans, et je m'étais tant réjouie de te mener dans le monde après ta fête. Ton père et moi nous avions résolu d'abandonner nos habitudes, par trop casanières, et de recevoir nos amis l'hiver prochain. Je pensais à tes toilettes, à tes chapeaux, à tes ombrelles ; et voilà que tout est changé, et que tout est remis à l'année suivante. Je ne comprends pas encore bien pourquoi ; mais nous savons que ton père a toujours raison ; et il ne reste donc qu'à nous soumettre. Quant à toi, ma chère enfant, tâche de te perfectionner en tout, profite de l'enseignement de ces dames, et soigne bien ta santé. Surtout, ne t'enrhume pas, et n'oublie pas de brosser tes jolis cheveux, matin et soir. Hélas ! que ne suis-je là pour les peigner et pour les rouler sur mes doigts.

Ici tout va son train-train, et notre vie est unie. Le jeune de Saint-Ménard est toujours étendu sur le sofa dans notre pavillon ; il a repris connaissance. Sa mère, pauvre chère femme, ne le quitte pas. Ton père se fâche quand j'appelle le blessé par son petit nom ; tu sais que ton père ne pardonne jamais, et qu'il défend qu'on prononce chez nous le mot de Saint-Ménard. Mais au fond, que nous a-t-il fait ce pauvre garçon ? il ne nous a

jamais fait de mal ; son père et son grand-père non plus.
Je t'avouerai, ma chérie, que je me suis prise d'affection
pour ce jeune homme ; il m'inspire une véritable sympathie, quand je le vois là si pâle, si malade, et entièrement
à notre merci, ayant, pour toute défense, sa faiblesse.
Ton père a donné la clef de la grille de la clôture à madame
de Saint-Ménard ; de cette façon, elle peut aller et venir
du Vieux-Château sans passer par notre maison ; il est
heureux, vu les circonstances, que nous ayons cette double
entrée, et que l'accident soit arrivé si près de la grille ; il
est encore plus heureux que monsieur de Saint-Ménard soit
justement absent et si loin, en Suisse.   Le docteur Lebas
paraît entièrement satisfait du progrès de son malade.
L'après-midi, quand ton père est à la mairie, je vais
toujours tenir compagnie à la pauvre mère éprouvée.   La
sœur nous défend de parler auprès du blessé, car il faut
un silence rigoureux, mais nous égrenons ensemble des
dizaines pour sa guérison.   Nous faisons quelquefois un tour
de jardin pour nous dégourdir les jambes, tandis que sœur
Marie Madeleine pose des compresses et s'occupe de Julien.
Alors madame de Saint-Ménard me parle de son fils, de son
enfance, de ses études et de son avenir ; à ce qu'il paraît,
c'est un prodige d'érudition et de sagesse.   Cela lui fait
du bien, à la chère âme, de parler de son enfant ; et puis,
moi, je lui parle de toi ; je l'ai même fait sourire l'autre
jour, en lui racontant quelques-unes de tes gamineries, et
cela me console un peu de ton absence que de prononcer
ton nom.

La grande Miss Smithson est arrivée hier te donner
ta leçon d'anglais ; j'avais oublié de la prévenir de ton
départ ; on a eu tant à faire !   Elle est toute triste que
tu manques ses leçons.   Nous avons cherché partout ton
exemplaire de *John Halifax, gentleman*, impossible de le
trouver.   L'aurais-tu emporté à Paris, et ces dames du
couvent te permettent-elles la lecture d'un roman ?

Adieu, ma chère fille ; tu sais qu'il est impossible de t'aimer plus que je ne t'aime.   Il me tarde de te revoir et de t'embrasser.

Ta mère qui se désole de ton absence,

HÉLOÏSE TARPET.

P.S.   Les Simot ont une petite fille depuis avant-hier ; je t'envoie leur carte qui est très mignonne et t'amusera.

MADEMOISELLE

MARTHE SIMOT

VIENT VOUS INFORMER

QU'ELLE A EU LE PLAISIR

DE VENIR AU MONDE LE

4 AOÛT 1911

CHAPITRE VI

LETTRE D'HÉLÈNE MORIN À SA COUSINE

A Mademoiselle Aline Tarpet.
AU COUVENT DE NOTRE-DAME,
326, RUE DES SAINTS-PÈRES,
PARIS.
9 *août*, 1911.

MA PAUVRE CHÈRE COUSINE,

En effet, j'ai été bien surprise de recevoir ta lettre datée de Paris ; si je dis datée, c'est une façon de parler, car elle ne portait aucune date, pas même le jour de la semaine.   Un moment, il est vrai, j'ai eu peur.   Quoi,

Aline au couvent à Paris, et juste quand on songeait à
lui faire faire son début dans le monde ! Elle a donc la
vocation religieuse ! Quel malheur, etc., etc. Je te passe
mes réflexions, et des plus belles ; mais il n'a fallu qu'un
instant pour que toutes ces pensées, si longues à écrire,
me traversent le cerveau. Quand j'ai enfin lu et relu ta
bonne et charmante lettre, je me suis mise à rire. Sais-tu
qui me fait rire dans toute cette histoire ? Tu ne m'en
voudras pas si je te le nomme ? Eh bien, chérie, au
risque de te scandaliser, je te dirai que c'est ton père qui
m'amuse, ou si tu le préfères, que c'est mon oncle, le très
auguste monsieur Auguste Tarpet, maire de la ville de
Mural, ennemi mortel de son voisin de Saint-Ménard, etc.,
etc., etc., dont le fils Julien gît actuellement sans connaissance dans le pavillon où mademoiselle Aline lisait des
romans anglais. Cela donne à songer, tout cela. Ton front
se plisse, et tu fais l'étonnée. Je ne veux pas te fâcher,
et je garde à part moi le reste de mes profondes réflexions.

En attendant, très chère cousine, console-toi ; ton
séjour au couvent ne sera pas de longue durée, je t'en
réponds, moi, Hélène Morin, ta parente et ton amie. Si tu
avais plus de goût pour les dates, tu verrais toi-même
que nous voici déjà au neuf août, et que le trente n'est pas
bien éloigné. Tu lèves encore les sourcils. Le trente, et
qu'a-t-il à faire dans la chose ? Voici, petite Aline, je vais
t'expliquer cela en quelques mots ; car sachant commander
à ma plume, j'ai réservé jusqu'à cette minute la grande
nouvelle que j'ai à t'annoncer.

Je suis fiancée depuis avant-hier, et il va sans dire que
mon futur mari est tout à fait charmant. Qui est-ce ?
Tu ne le connais pas, moi non plus, je ne le connaissais pas
avant jeudi dernier. Son nom est Henri de la Roche ; il
a trente-cinq ans ; il est propriétaire et député du département de Seine-et-Oise. Nous habiterons près de Paris,
dans son château des Fresnels ; le mariage va se faire tout

de suite, parce que le mois prochain papa doit aller dans le midi faire des discours sur la Réforme Électorale, sur les nécessités budgétaires, et sur d'autres sujets aussi ennuyeux ; je prépare activement mon trousseau ; et, voici où tout s'enchaîne, toi, tu seras ma demoiselle d'honneur ; c'est dit, tu acceptes, je le sais, car, de toutes mes cousines germaines, tu es ma préférée ; ergo, comme disait notre gouvernante, tu seras bientôt ici. Du reste, nous serons tous à Paris dans quelques jours, nous irons te voir, et je t'emmènerai courir les couturières avec moi ; j'aurai à faire des essayages, et à me fatiguer dans les grands magasins. C'est dans l'ordre des choses et il faut bien s'y conformer. Je ferai comme l'ont fait toutes mes amies, et comme tu le feras toi-même avant longtemps. On se marie toujours, un jour ou l'autre, et tout se passe selon les mêmes règles. Tu me demandes, je l'entends d'ici, comment mes fiançailles se sont faites. Mais, tu le sais bien ; cela se fait invariablement de façon identique. Une tante quelconque, cette fois-ci c'était tante Adèle, nous invite, papa, maman et moi, à dîner. L'invitation a d'ordinaire un ton tout spécial. On ne s'y trompe pas. On arrive à l'heure dite, en toilette simple mais élégante, et on n'est pas surprise de trouver chez sa tante un jeune homme à l'air inquiet et perplexe qui tire sur ses moustaches, et qui est accompagné de son père et de sa mère, ou de son oncle et de sa tante. On se met à table ; des plats exquis suivent des plats exquis ; la jeune fille n'y touche que du bout des dents, le jeune homme n'a pas grand'faim non plus ; on se dit des banalités, on répète des généralités vagues ; on se regarde, plus ou moins, à la dérobée, etc., etc. Enfin on passe au salon, la jeune fille sert le café, elle en offre une tasse au jeune homme, timide et même gauche parfois ; les quatre parents font une partie carrée, tout en surveillant leurs enfants, mais sans en avoir l'air, et on laisse aux jeunes gens l'occasion de se parler un peu dans un coin. Déjà, plusieurs fois, j'avais passé par ce rituel, mais rien n'en était advenu, parce que, somme toute, on ne se convenait pas de part et d'autre. Je t'avoue donc, chère Aline, que, jeudi dernier, je suis allée chez tante Adèle sans aucune émotion. Encore un, me suis-je dit, sans trop me demander comment il me plairait. Mais dès le moment où Henri m'a saluée, il a d'emblée gagné mon affection ; c'est bien lui que je rêvais comme mari. Nos parents, les miens et les siens, ont surtout consulté leurs bourses, et se sont fort bien entendus sur cette affaire, affaire intéressée pour eux, affaire intéressante pour nous autres, et tout est donc pour le mieux dans le meilleur des mondes possibles. On dit que le mariage est une loterie, cela se peut, mais je sais que moi je suis tombée sur un bon numéro. Henri est grand, beau garçon, il a des manières faciles et agréables, il n'est ni gauche ni timide ; sur son visage, se lisent les mots droiture, rondeur, dévouement, rien d'affecté ; et puis il est adonné à tous les sports, et tu sais que je raffole des sports. Nos intérêts seront donc communs, et nous avons toutes les garanties de bonheur.

Maintenant, parlons de toi, chère Cousinette. Ton histoire m'a fort amusée. Comment ! il arrive des aventures pareilles à Mural, petite ville où les murs ont des oreilles et où toutes fenêtres ont des yeux. C'est incroyable, cette histoire ! Mais, est-ce que tous les Murallois ne sont pas morts d'étonnement ? Voilà, c'est le cas de le dire, l'ennemi dans la place ; et cet ennemi s'appelle Julien tout court. Mademoiselle Aline trouve que d'écrire monsieur Julien de Saint-Ménard, cela prend trop de temps, alors on dit Julien tout court. Madame Julien de Saint-Ménard ferait cependant très bien, sur une carte de visite. Hem ! hem ! Cela donne matière à réflexion. As-tu eu le temps au moins de voir si ce Julien blessé, tombant des nues, ou de sa bicyclette, ou de la rue voisine, à votre porte, a les moustaches blondes et soyeuses si désirées ? ? ? Mademoiselle Aline Tarpet, que faites-vous au couvent de Notre-Dame, avec des idées pareilles ? Vous n'êtes guère à votre place là-bas. Votre mission actuelle est d'être garde-malade... Je n'en dis pas davantage. A bon entendeur salut ! Voilà Henri qui m'appelle. Il m'apporte un bouquet, c'est encore dans les règles ; mais il n'y a pas grand mal à recevoir un bouquet tous les jours. Quand je serai Madame Henri de la Roche, je ne m'attacherai pas aux conventions, j'en ferai à ma tête ; et elle est solide, ma tête, tu en sais quelque chose, toi. En attendant, chère Aline, je t'embrasse comme je t'aime, c'est-à-dire de tout mon cœur.

Ta petite cousine,
HÉLÈNE MORIN.

P.S. Console-toi, chérie, ne te tourmente pas ; tout ira bien, et la semaine prochaine nous arriverons au parloir et nous t'enlèverons à ces bonnes mères pour courir les magasins de Paris. En attendant, et pour te faire prendre patience, je t'envoie notre faire-part.

Monsieur et Madame Charles Morin ont l'honneur de vous faire part du mariage de Mademoiselle Hélène Morin, leur fille, avec Monsieur Henri de la Roche, Député.

Et vous prient d'assister à la bénédiction nuptiale qui leur sera donnée par Monseigneur Després, le 30 août, 1911, à l'église de Vizeau.

Château du Mesnil, près Vizeau.
(Meurthe=et=Moselle.)

Madame Charles Morin
recevra
après la Cérémonie Religieuse.

Château du Mesnil, près Vizeau.

CHAPITRE VII

LETTRE D'ALINE TARPET À SA MÈRE

A Madame Auguste Tarpet.
5, RUE DES DÎMES,
MURAL (MEURTHE-ET-MOSELLE),
16 *août*, 1911.

MA CHÈRE PETITE MAMAN,

Ta lettre m'a fait plaisir et peine. Je suis si triste d'être loin de toi, et je suis si contente que ma présence te manque. J'espère te revoir pour t'égayer, et pour m'égayer ; j'ai le pressentiment que cela sera bientôt. Papa a beau être sévère, au fond il m'adore, et il me rappellera, j'en suis sûre. Je suis très malheureuse dans ce grand monastère, et je ne me souviendrai jamais de tout ce qu'on doit y faire et ne pas faire. Pour être heureuse ici, il faut y être arrivée toute petite, et être habituée dès l'enfance à toutes les tracasseries du règlement. J'ai été trop gâtée par toi, maman, par papa et par Marguerite, et je ne m'accoutumerai jamais à cette vie de pension. Je ne suis plus une enfant, je manque des qualités qui font une bonne élève, et je n'ai pas assez d'esprit religieux pour me résigner. Quand je pense à notre belle maison ensoleillée, si gaie, si " comfortable," comme disait la brave Smithson aux longues dents, et que je regarde nos salles nues ici, aux murs blanchis sur lesquels sont accrochés des cartons avec des maximes imprimées, cela me fait frissonner. Au réfectoire, je ne mange presque rien ; ce n'est pas que ce soit si mauvais, mais c'est toujours la même chose tous les jours, et ce qu'il y a de plus détestable, c'est la boisson qu'on nomme ici " *abon-dance.*" L'*abondance* est du vin coupé d'eau ; on l'appelle

comme cela parce qu'il y a abondance d'eau ! Cela encore
ne me ferait rien ; j'aime beaucoup l'eau ; mais cette
boisson a un goût atroce. Je vous vois d'ici, toi et papa,
à table chez nous, ma place vide, et toi toute triste et
j'entends papa qui fredonne pour se donner une contenance.
Comme il doit chanter faux, pauvre père ! Dis-lui de me
faire rentrer à la maison. Je serai sage, je ferai tout ce
que vous voudrez, et je piocherai consciencieusement mon
anglais. A propos, l'exemplaire de *John Halifax, gentleman*, doit être resté dans le pavillon ; je préparais justement le chapitre VIII, quand Julien..., je veux dire le
jeune de Saint-Ménard, est tombé à notre porte. J'ai su par
Hélène, qui avait été vous annoncer ses fiançailles, que le
blessé avait repris connaissance et qu'il allait mieux. Je
m'en réjouis pour sa pauvre mère. Elle est charmante,
madame de Saint-Ménard, ne trouves-tu pas, maman ?
Quel dommage qu'il y ait entre nos familles cette inimitié
acharnée et héréditaire. Ne serait-il pas temps d'enterrer
la hache de guerre dans un coin profond de nos vieux
fossés de Mural ? Maman chérie, je m'ennuie ici. Ce
n'est pas qu'on me gronde ; on ne cherche même pas à
me raisonner, on trouve inutile d'insister quand je suis
rebelle. On me laisse libre de mes actions tout en veillant
sur mes allées et venues. J'use largement de cette latitude.
Il suffit pour moi qu'on sonne un exercice pour qu'il me
prenne la fantaisie de me livrer à une autre besogne ;
pendant la récréation je prépare une leçon, pendant la
classe je travaille à l'aiguille ; à l'heure du travail manuel
je me promène au jardin. Une de mes compagnes, en
voyant ce manège, me dit l'autre jour : " Mais vous devez
vous ennuyer à mourir, Aline ?

— Il est vrai, mais je veux m'ennuyer. Ne me parlez
pas d'autre chose, c'est inutile." Maman, petite mère
bien-aimée, je suis très malheureuse. Moi qui aime
l'étude, la lecture, la broderie, je ne fais rien, mais je veux

m'ennuyer parce que je suis loin de vous. Rappelez-moi chez vous, je ne puis songer à autre chose, c'est une idée fixe pour moi, que de rentrer au bercail. Papa veut-il que je me fasse religieuse ? Dis-lui, s'il te plaît, qu'il arrive quelquefois d'avoir la vocation sans que rien l'eût fait prévoir.

Justement, hier, nous avons eu une cérémonie de prise de voile ; des dames sont arrivées en voiture et en grande toilette, juste comme pour un mariage. Un évêque officiait, portant la chape, la mitre, et tenant une crosse. La chapelle était ornée de fleurs blanches, l'orgue jouait ; la nouvelle religieuse, timide sous son voile de point d'Alençon, fut conduite par son père jusqu'à l'autel. Elle tenait un bouquet de fleurs d'oranger ; sa robe était tout à fait à la mode, avec une longue traîne, et les cierges brûlaient. Tout le monde pleurait quand elle a prononcé les vœux. Un grand silence s'est fait ensuite, quand la supérieure s'est avancée pour prendre la jeune fille par la main. Son pauvre père sanglotait. Comme c'était navrant ! comme c'était triste ! Est-ce que papa voudrait me voir ainsi renoncer au monde et au bonheur ? Et toi, maman, que ferais-tu sans moi ?

Viens bien vite chercher ta fille désolée et qui t'aime

ALINE.

P.S. Si vous ne venez pas me chercher, je vous préviens que je me sauverai du couvent. Je ne puis pas y rester. La vie y est intolérable pour moi.

CHAPITRE VIII

LETTRE DE LA RÉVÉRENDE MÈRE EUPHRASIE

CONGRÉGATION DE NOTRE-DAME,
326, RUE DES SAINTS-PÈRES,
PARIS.

A Monsieur Auguste Tarpet,
NOTAIRE ET MAIRE DE LA VILLE DE MURAL,
(MEURTHE-ET-MOSELLE),
20 *août,* 1911.

MONSIEUR,

Croyez bien que c'est avec une sincère affliction que je vous écris pour vous prier de venir reprendre mademoiselle Aline, votre fille.

Elle est entrée dans notre pensionnat contre son gré, en déclarant qu'elle était dans la ferme résolution de ne " rien faire, absolument rien." Vous aviez bien voulu m'honorer de votre confiance, monsieur, en me parlant des raisons tout à fait exceptionnelles qui avaient motivé l'éloignement d'Aline de sa famille. Nous étions donc d'autant plus portées à une grande indulgence envers votre enfant. Les liens d'affection et de reconnaissance qui nous unissent à mademoiselle Berthe Tarpet, votre sœur, nous avaient disposées à vous rendre immédiatement, et de plein gré, le service que vous nous demandiez. C'est donc un véritable chagrin pour nous, monsieur, que d'avoir à vous dire qu'Aline ne peut rester chez nous. Son exemple finirait par avoir une influence fâcheuse autour d'elle ; de plus, monsieur, cette attitude de révolte qu'elle a prise dès son arrivée, la porte à une mélancolie maladive et molle, qui dégénérerait en maladie si nous n'essayions de l'enrayer. J'avais recommandé à nos religieuses d'user de grande douceur envers Aline, de

3—2

faire preuve de patience, et d'y joindre ce remède connu dans nos maisons d'éducation, la prière.

L'idée était même venue aux compagnes d'Aline de coudre, à son insu, une médaille miraculeuse dans la doublure de sa robe, et de faire en même temps une neuvaine à son intention, afin de la détourner de la triste voie qu'elle avait prise.

Malheureusement, Aline persiste en ce chemin qu'elle s'est tracé volontairement, et la Providence, à laquelle il faut nous soumettre, veut sans doute que votre enfant rentre chez vous ; car, ni les prières, ni la médaille miraculeuse, ni l'incroyable condescendance de nos maîtresses n'ont accompli ce que nous désirions.

Votre enfant a très bon cœur, monsieur ; c'est une jeune personne d'esprit, et je ne doute pas qu'un jour nous ayons la joie de voir chez Aline une transformation complète ; mais avec son caractère, elle nous est arrivée trop tard pour se soumettre à nos règles. En attendant elle ne cherche qu'une chose : le bonheur. Elle ne le trouvera pas en se révoltant contre les lois de notre maison.

Veuillez donc venir, au plus tôt, monsieur, reprendre votre enfant, et soyez persuadé que nos prières et nos vœux ne lui feront jamais défaut.

Daignez agréer, monsieur le maire, avec l'expression de mon profond regret, l'assurance de ma parfaite considération.

✝ Mère Euphrasie,

Supérieure.

CHAPITRE IX

LETTRE DE MADEMOISELLE BERTHE TARPET
À SON FRÈRE

A Monsieur Auguste Tarpet,
MAIRE DE MURAL,
(MEURTHE-ET-MOSELLE,)
                                    20 *août*, 1911.
CHER AUGUSTE,

Je suis arrivée hier matin à Paris, où j'ai trouvé nombre de lettres qu'on m'avait gardées et qui attendaient mon retour du pèlerinage à Lourdes. Mais que d'évènements se sont succédés en mon absence, très cher frère, et que de bouleversements dans votre vie autrefois si paisible et si unie ; j'ai dû essuyer mes lunettes plus d'une fois pour me rendre compte que je ne faisais pas de mauvais rêves.

Comment ? Aline est à Paris ! et au couvent ? Une enfant qui n'avait jamais quitté l'aile maternelle ! Elle est aussi peu faite pour la vie de couvent, que moi pour celle de la caserne. Le fils de l'ennemi acharné de notre ancienne maison est chez vous, malade, blessé, impotent. C'est à ne pas en croire mes yeux, cher Auguste.

Je vous avais bien dit, et il y a beau temps, à toi et à ta femme, que la lecture des romans et la connaissance de l'anglais ne vaudraient rien à Aline. J'admets que ce n'est pas parce qu'Aline a lu *John Halifax, gentleman,* que Julien de Saint-Ménard, " puisqu'il faut l'appeler par son nom," est tombé de bicyclette à la grille de votre clôture. Non, je ne pousse pas les choses à ce point-là ; mais je constate simplement un fait. Ces idées exotiques et romanesques, si éloignées de nos bons usages de Mural, ont eu les suites funestes que j'avais prévues.

Ce matin je suis allée, comme d'ordinaire lors de chacun de mes passages par Paris, voir les bonnes mères du couvent de Notre-Dame. La mère Euphrasie m'a reçue avec un air grave qui m'a tout de suite inquiétée, et comme je lui demandais si elle était contente d'Aline, elle m'a montré le brouillon de la lettre qu'elle venait de vous expédier. Je me suis presque évanouie à cette lecture. Comment ! une demoiselle Tarpet en disgrâce ! Cela ne s'était jamais vu ; et je suis persuadée qu'aucune chronique de notre famille ne parle de chose aussi inouïe. Bref, j'ai demandé à voir Aline ; on m'a longuement fait attendre au parloir où il faisait bien froid, mais j'ai trompé mon impatience en lisant les bonnes maximes et les belles sentences imprimées et pendues sur les murs. Enfin, votre fille est arrivée ; elle est méconnaissable, pâle, défaite, toute sa gaieté disparue ; ses cheveux à brillants reflets et qui bouclaient si joliment chez vous, sont à présent ternes et plats. Quelle métamorphose ! Aline, d'ordinaire bavarde comme une pie, elle, si spirituelle, si amusante, ne disait rien, et ne répondait qu'un faible : "Oui, ma tante," "Non, ma tante" en gardant un air morne. J'en ai été effrayée, et j'ai demandé à voir la sœur infirmière, pour me renseigner sur la santé d'Aline. La sœur a hoché la tête, en ayant l'air de dire qu'il n'y avait rien à faire ; mais juste à ce moment le médecin du couvent est arrivé pour sa visite hebdomadaire, et j'ai pu lui parler d'Aline. Il l'a longuement examinée, et m'a dit qu'elle était gravement anémiée, et qu'il fallait l'emmener immédiatement à la campagne, lui fournir des distractions de tous genres, et ne la contrarier en rien. Vous savez, mon cher frère, que je ne recule jamais devant le devoir et qu'en véritable Tarpet j'agis toujours selon ma conscience. J'ai donc prié qu'on fît la malle de votre fille, sans songer à vous avertir ; les bonnes mères ne demandaient pas mieux ; j'ai emmené Aline avec moi à l'hôtel, où, après un bon déjeuner maigre, car c'est aujourd'hui vendredi, j'ai conduit Aline aux Magasins du Bon Marché. J'avais justement des emplettes à y faire pour le mariage d'Hélène Morin. Aline a déjà meilleur visage, et demain nous allons toutes les deux chez les Morin auxquels j'ai annoncé notre arrivée, par télégramme. Votre enfant sera très bien chez sa cousine. Tu sais sans doute que les Morin ont renoncé à leur voyage à Paris ; en gens extra-modernes ils ont commandé tout le trousseau aux Magasins du Bon Marché. Dans quel siècle vivons-nous, hélas ? Il est évident qu'Aline ne peut rentrer chez vous tant que ce jeune homme de malheur occupe votre pavillon. J'ai tout de suite compris la situation. J'ai su par une lettre de ma femme de chambre, qui avait appris la nouvelle par votre cuisinière, qui le savait par le jardinier des de Saint-Ménard, que ce monsieur bicycliste va de mieux en mieux, et qu'on pourra le transporter chez ses parents la semaine prochaine. Dieu soit loué ! Voilà un grand danger détourné. Mon pèlerinage à Lourdes y est bien pour quelque chose,—du reste, il a été couronné de plein succès.

Je compte rentrer à Mural la semaine prochaine, et je vous attendrai à dîner le jeudi à sept heures comme à l'ordinaire. Nous pourrons alors causer de toutes ces choses insolites. En attendant, cher Auguste, je vous embrasse ainsi que votre femme, et je me réjouis de vous revoir bientôt.

A vous de cœur,

Votre sœur qui vous aime,

BERTHE TARPET.

P.S. Vous pouvez compter que je ferai mon possible, et même l'impossible, pour le bien d'Aline. Je l'adore, cette enfant, malgré tous ses défauts.

CHAPITRE X

Mademoiselle Berthe Tarpet était l'exactitude et la ponctualité personnifiées ; c'était une femme aussi méthodique qu'elle était enlisée dans ses habitudes. La ville amène de Mural aurait pu se passer d'horloges et de pendules, tant que la vieille fille y résidait, car chez elle tout se faisait chronologiquement et chronométriquement. Chaque année, elle allait en pèlerinage à Lourdes ; elle revenait chez elle à jour fixe, en traversant Paris, chargée de médailles miraculeuses, de petites fioles, de chapelets bénis, et d'images pieuses qu'elle distribuait à ses amies tout en discourant sur les étapes de son voyage.

Mademoiselle Tarpet rentrait toujours un mardi dans sa maison proprette de la rue du Sentier ; elle arrivait toujours à Mural par le train de deux heures huit. C'était exprès qu'elle avait choisi ce jour et cette heure. Elle observait avec profond respect le repos dominical ; or, si elle était rentrée chez elle, disons un lundi, il lui aurait fallu faire ses paquets le dimanche ; et puis, sa bonne Clarisse aurait également eu à faire des préparatifs ce jour-là, au lieu d'aller aux offices, comme il convient. Tout était combiné avec un soin extrême et après mûres réflexions faites. Ainsi la rentrée de deux heures de l'après-midi donnait encore du temps devant soi pour faire le tour de la ville, et aller apprendre les dernières nouvelles avant le dîner.

Quel ne fut donc pas l'étonnement des Murallois et des Muralloises, en voyant, le dernier lundi du mois d'août, Mademoiselle Tarpet débarquer à la gare ; et par le train de dix heures du matin ! L'employé tout galonné, qui dirigeait le chemin de fer, en resta bouche bée, et

" Mais on ne vous attendait que demain et...."

oublia presque de donner un signal, ce qui aurait pu occasionner le déraillement d'un train de marchandises. Le conducteur de l'omnibus qui cahotait depuis toujours les voyageurs sur les pavés pointus de la ville, après avoir hissé les bagages sur l'impériale, débarrassa mademoiselle Tarpet du parapluie dont elle était empêtrée, et, ayant ébranlé sa voiture pour de bon et à grand bruit, ne put s'empêcher de dire : " Comment, mademoiselle ! mais on ne vous attendait que demain, et..."

Mademoiselle Tarpet coupa court, et d'un air assez hautain, à ces remarques, et chercha longuement son porte-monnaie, serré avec mille précautions dans la poche intime d'un intime jupon ; elle paya sa place sans répondre aux questions qu'on lui faisait, et sans avoir l'air de remarquer les points d'interrogation posés sur chaque visage connu. Le pharmacien, debout sur le pas de sa porte, en voyant passer mademoiselle Tarpet, rentra dans son bureau pour examiner son almanach ; on était donc à mardi, puisque...mais non, c'était bien lundi ; et le brave homme n'en revenait pas. Tout Mural était bouleversé de cet intervertissement dans l'ordre des choses. On s'occupa alors à chercher le mot de l'énigme, et on ne fut pas longtemps à le trouver. La curiosité est poussée à un point extrême dans les petits pays ; et c'était ce même travers qui avait engagé mademoiselle Tarpet à se départir de ses habitudes autrement immuables. Ayant appris par une lettre de sa bonne, Clarisse (qui tenait la nouvelle du jardinier, qui la tenait du chasseur du médecin, lequel à son tour la tenait du laitier), que Julien allait rentrer dans la maison paternelle dès le mardi matin, Berthe Tarpet, oubliant tous ses scrupules et négligeant sa coutume enracinée, s'était pressée de revenir chez elle, afin de voir encore chez son frère, et de ses propres yeux, le si intéressant malade, et afin d'entendre de ses propres oreilles ce qu'il pouvait bien avoir à dire. Il s'agissait de l'avenir d'Aline, se disait tout bas la vieille demoiselle, et elle avait formé un petit plan de campagne d'une stratégie aussi cruelle que savante. Mademoiselle Tarpet déposa donc ses malles rue du Sentier, prit à peine le temps de jeter un regard à son salon, donna des ordres sommaires à Clarisse, qui, le bonnet tout de travers, les joues en feu, n'essayait même pas de faire l'étonnée, car elle connaissait sa maîtresse et savait parfaitement ce qui en était, et même ce qui en adviendrait.

D'un pas ferme et rapide, Berthe gagna la rue des Dîmes, et frappa vivement à la porte avec le heurtoir; cela fit vibrer les panonceaux du notaire. Comme on ne lui répondait pas tout de suite, elle tira si fort sur la sonnette que le cordon lui en resta dans la main. Ce fut Baptiste qui vint enfin ouvrir lentement, et en bon Murallois, il resta interloqué en voyant mademoiselle Tarpet arriver avant le jour fixé; il voulait dire: "Un...un lundi?" mais la surprise étouffa ses paroles. Mademoiselle Tarpet était pressée, et ne lui laissa pas le temps de se remettre; elle monta dans l'étude du notaire, qui était absent, et ne jeta qu'un regard distrait sur les paperasses où se détachaient les mots : Entre nous soussignés.—Vente d'un fonds de commerce.—Fait double à Paris le huit mars mil neuf cent onze.—Acte de partage, de succession,—bail,—baux, etc., etc.

Berthe, s'étant assurée que son frère était sorti, pénétra alors chez sa belle-sœur ; mais, là aussi, elle trouva visage de bois ; elle redescendit donc, traversa le vestibule dallé de carreaux noirs et blancs, et passa au jardin, où Baptiste tondait justement la pelouse. Berthe lui demanda si le jeune de Saint-Ménard était encore au pavillon, mais avant que le jardinier put retirer la pipe allumée qu'il avait à la bouche, et donner une réponse, mademoiselle Tarpet était déjà au fond de l'allée. Elle trouva Julien seul dans le pavillon, occupé à lire un livre dont la couverture semblait

familière à mademoiselle Tarpet ; mais elle n'arriva pas
à en déchiffrer le titre ; car le jeune homme déposa de
suite le volume ouvert sur un guéridon, et essayant de
se soulever, il voulut saluer la vieille demoiselle. Elle était
enchantée que les circonstances l'eussent servie à point ;
elle lui fit signe de ne pas se déranger, et, s'asseyant auprès
du jeune homme, elle se mit à l'interroger sur sa santé,
sur sa carrière, sur ses projets d'avenir, sur ses goûts et
sur ses idées. Julien s'y laissa prendre, parla sans arrière-
pensée, espérant toujours avoir des nouvelles d'Aline.
Son espoir ne fut point trompé. Mademoiselle Tarpet
laissa échapper, comme par hasard, le nom de sa nièce,
raconta leur séjour au château du Mesnil, et tout en jouant
machinalement avec ses bagues et ses bracelets, elle dit
à Julien qu'on songeait bientôt à marier Aline, et qu'on
avait déjà un parti sortable en vue. Julien devint blême,
mais, se maîtrisant, il ne dit rien et regarda voltiger les
mouches. Comme la vieille dame achevait de parler de
la sorte, le médecin arriva. C'était un homme brusque, qui
n'y allait pas par quatre chemins ; il s'écria : " Comment !
vous ici, mademoiselle, un lundi ! " et, tirant sa grosse
montre, il prit le poignet du malade, constata un abatte-
ment qui le surprit, et pria mademoiselle Tarpet de le
laisser seul avec Julien. La vieille dame se leva et partit,
heureuse et fière d'avoir accompli sa mission ; elle se disait
que son mensonge était, après tout, un mensonge pieux, et
dans l'intérêt des deux jeunes gens qu'il fallait séparer à
tout prix ; du reste, elle s'en confesserait le surlendemain ;
car elle avait l'habitude d'aller à confesse tous les
mercredis.

Le docteur examina son patient, et, intrigué, le regarda
longuement, écrivit une ordonnance, puis resta à causer
avec le jeune homme, qui répondait d'un air détaché et
inquiet. Madame de Saint-Ménard arrivait justement, car
elle avait vu venir le docteur. Il emmena la bonne dame

au fond du massif de sureaux, et lui donna plusieurs conseils, entre autres, celui de faire voyager son fils dès que celui-ci serait assez bien pour quitter la maison paternelle. En attendant, il pria madame de Saint-Ménard de faire rentrer son fils chez elle à la première heure le lendemain, et de ne pas lui permettre de recevoir de visites.

La brave dame, à moitié effarée de ces projets lointains de voyage, et cependant joyeuse à l'idée d'avoir enfin son fils chez elle, rentra au pavillon.

Le visage de Julien l'inquiéta ; sa physionomie, son attitude n'étaient plus les mêmes ; il n'avait pas bonne mine ; et hier encore, il allait si bien ! on avait été si satisfait de ce progrès.... Qu'est-ce que cela voulait dire? Mais il fallait bien qu'il y eût des hauts et des bas dans une convalescence, et puis, quand Julien serait chez lui, tout serait plus facile. La bonne mère se consolait ainsi, mais elle ne pouvait se défendre d'une vague sensation douloureuse et inquiète, et elle était saisie d'une appréhension indéfinissable.

CHAPITRE XI

Monsieur de Saint-Ménard était en Suisse, où il avait à recueillir la succession d'un cousin éloigné, quand l'accident de Julien lui fut annoncé par télégramme. Il s'apprêtait justement à rentrer chez lui, quand on lui écrivit que tout allait à souhait. De cette façon, le retour de monsieur de Saint-Ménard coïncida avec celui du jeune blessé dans la maison paternelle du Vieux-Château.

Madame de Saint-Ménard, heureuse d'être enfin chez elle, et de posséder de nouveau son mari et son fils, allait et venait avec sa gaieté et sa douceur habituelles ; mais elle n'était pas très rassurée sur l'état du convalescent ; Julien était guéri ; sa jeunesse, sa bonne constitution physique et les soins maternels avaient opéré une très prompte guérison. Mais Julien était triste depuis quelques jours, et comme désemparé. Plus rêveur que jamais il songeait, à part lui, aux soleils des tropiques, aux temples chinois, aux fleurs de pourpre et aux oiseaux de feu. Plus il y pensait, plus la nostalgie des voyages le prenait, plus il détestait l'idée de gérer la propriété du Vieux-Château, et de vivre confiné à Mural; et, au lieu de se remettre à la vie de tous les jours, il restait plongé dans de vagues rêveries, bien loin en pensée de la petite cité provinciale où il avait vu le jour. Son père avait beau essayer de l'intéresser aux détails de la propriété, il avait beau lui parler vendanges et labourage, Julien ne semblait pas pouvoir secouer son apathie.

Madame de Saint-Ménard, très reconnaissante à madame Tarpet, voyait sa voisine la notairesse à l'église, et souvent, à présent, les deux ferventes faisaient route ensemble, et se parlaient de leurs enfants et de leurs inquiétudes; l'accident de Julien avait rapproché les braves mères, et elles en oubliaient les vieilles rancunes d'autrefois.

Aline était à Vizeau, chez sa cousine; et on avait d'excellentes nouvelles de la jeune fille, qui allait faire son entrée dans le monde serré de Mural dès la nouvelle année. Madame Tarpet parlait de ces projets, des toilettes qu'aurait sa fille; et Madame de Saint-Ménard parlait de Julien, et se désespérait de cette langueur qui ne le quittait pas.

" Il s'ennuie, ce pauvre jeune homme, dit un jour la notairesse. Moi, si j'avais un fils, je l'enverrais voyager."

Madame de Saint-Ménard tressaillit et pâlit :

" Que dites-vous, madame? Vous croyez, chère madame?

— Je suis persuadée que votre fils s'ennuie chez lui. Voyons, ce n'est pas bien gai d'être toujours là, au Vieux-Château, sans jeunes compagnons; et puis, ce n'est pas une carrière que de gérer des propriétés, ce n'est pas un métier ; et puis, votre mari est si jeune encore, si actif, votre enfant n'a, pour ainsi dire, rien à faire. A votre place, chère madame, j'enverrais Julien... pardon, depuis son accident je pense à lui comme s'il m'appartenait... j'enverrais Julien faire le tour du monde."

Madame de Saint-Ménard se rappela le conseil du médecin et dit :

" Vous êtes heureuse, madame, d'avoir une fille, et de ne pas avoir à vous inquiéter de son avenir.

— Qui sait, madame, ce que la Providence nous réserve ? Mais j'espère beaucoup qu'Aline se mariera un jour à Mural, et qu'elle s'établira tout près de notre maison. Je ne suis pas pressée de la marier, elle n'a encore que dix-sept ans."

Les deux bonnes dames, en bavardant ainsi, étaient arrivées à leurs portes ; elles se saluèrent en se quittant. Madame de Saint-Ménard passa une nuit blanche. Les paroles de sa voisine, comme celles du docteur, lui revenaient à chaque instant. Elle voyait déjà Julien parti, voguant sur la mer, exposé à tous les périls de l'océan et à tous les dangers des pays inconnus. Et cependant une petite voix intérieure lui disait que madame Tarpet avait raison ; elle avait vu clair, la bonne chère âme !

Julien s'ennuyait à la maison ; les affaires de son père lui étaient indifférentes et.... Mais pourquoi chercher le bonheur si loin quand on a tout ce qui est désirable chez soi ? Et la bonne mère tournait et retournait sa jolie tête chenue sur son oreiller et ne pouvait dormir. Elle se leva doucement, alluma une bougie, et passa chez son fils. Il dormait tranquillement, de ce sommeil profond qui suit une maladie ; mais il avait oublié d'éteindre sa lumière, et elle éclairait un énorme atlas où la carte d'Afrique s'ouvrait toute grande. Il avait dû suivre, de son pauvre doigt amaigri, la route imaginaire d'un vapeur.

Les deux ferventes faisaient route ensemble

Oui, il fallait se résigner, et laisser partir son fils, sinon il dépérirait. Et madame de Saint-Ménard éteignit doucement la lumière en rentrant chez elle ; elle pleura, récita son rosaire et finit par s'assoupir.

Le lendemain, comme le soleil entrait dans la belle chambre lambrissée, madame de Saint-Ménard s'éveilla et crut avoir fait un cauchemar ; mais, peu à peu, tout lui revint à l'esprit, et elle se décida à parler à son unique enfant.

CHAPITRE XII

Madame de Saint-Ménard entra à la bibliothèque où Julien se tenait ; elle prit la main de son fils, et, avec la franchise qui la caractérisait en tout, elle lui dit simplement :

" Mon enfant, tu as de la peine ? Est-ce que tu t'ennuies chez nous ?

— Pauvre petite mère, je ne m'ennuie pas, mais....

— Mais ?

— Je ne sais... Depuis mon accident, quelque chose de nouveau est entré dans ma vie ; je ne me rends pas bien compte de ce que c'est ; et je vous suis fort reconnaissant de tous vos soins, mais....

— Mais ?

— Je veux être franc envers vous, maman. Voilà : je voudrais reprendre du service.

— Toi ? Mais tu as été si malheureux à la caserne.

— A la caserne, oui ; mais je ne veux pas retourner à la caserne ; je voudrais aller loin, très loin.

— Loin ? Où ?

— Eh bien, chère petite maman, dit Julien en caressant la main blanche de sa mère, pardonnez-moi la peine que je vais vous faire, je voudrais aller au Maroc.

— Au Maroc, tu divagues ! Explique-toi ; mais ce n'est pas un pays chrétien ! le Maroc....

— Non, c'est une de nos provinces islamiques, mais j'ai soif de l'inconnu ; j'ai envie de voir du pays ; je suis las de ma vie abritée, casematée ; et puis, je désire faire quelque chose d'utile.

— Que feras-tu d'utile au Maroc ?

— Je servirai la France.

— Tu peux servir ton pays aussi bien chez toi.

— Comment cela, petite mère ?

— En entrant dans la politique, en t'occupant des questions administratives du département, en....

— Maman, écoutez-moi ; il faut que je parte.   Pauvre chérie ! pouvez-vous décider mon père à me laisser faire ainsi que je le voudrais ?

— Je ne sais, dit madame de Saint-Ménard accablée.

— Je vous reviendrai dans quelques années ; je pourrai peut-être alors m'occuper du Vieux-Château et de nos autres propriétés ; je pourrai sans doute alors me résigner à cette vie calme et banale, et m'intéresser à toutes les institutions désuètes du pays.   Mais je suis jeune, je suis fort, j'ai besoin de dépenser mon énergie, je rêve d'aventures, de combats, de victoires.   Vous serez fiers de moi, un jour, maman.

Madame de Saint-Ménard se leva, en soupirant avec une indicible tristesse, mais, sans rien dire de plus, alla trouver son mari.   Julien resta là, épuisé de l'effort qu'il venait de faire, navré de la peine qu'il causait à une mère adorée, mais néanmoins résolu, à tout prix, à partir au loin.

Monsieur de Saint-Ménard, d'abord ahuri, peu à peu essayait de comprendre.   Comment ?   Julien n'était pas heureux à la maison ?   Comment ?   cet enfant voulait voyager ?   et qu'est ce qui avait mis ces idées dans la tête de leur fils ?   Le Vieux-Château ne lui suffisait donc pas ?   Quelle décision insensée, inexplicable.   Madame de

Saint-Ménard représenta que Julien avait près de vingt-quatre ans, que ce n'était plus un enfant. On avait eu tort de le dispenser de choisir une carrière ; et puis, c'était beau et brave de sa part de vouloir aller servir son pays.

— Mais il y a mille moyens de servir sa patrie ! et le gentilhomme propriétaire accumula les objections.

— Oui, mais Julien....

— Comment ! c'est toi qui veux envoyer ton fils au Maroc ? Toi qui l'as toujours tenu claustré ici !

— Non, je ne l'ai pas claustré ; je lui ai toujours laissé sa liberté, mon ami. Cela sera un vide terrible, mais nous ne pouvons l'abandonner au chagrin qui le mine. Il faut aimer les enfants pour eux, non pour nous."

Monsieur de Saint-Ménard n'en croyait pas ses oreilles ; jusqu'ici sa femme ne l'avait jamais contredit. Petit à petit, elle habitua son mari à l'idée du départ de Julien ; petit à petit, le jeune homme reprit des forces, et la couleur revint sur ses lèvres ; petit à petit, la pauvre mère fit les préparatifs nécessaires. Un faible espoir lui restait au cœur que, peut-être, au dernier moment, le sacrifice ne serait pas exigé. Mais les évènements furent précipités par la volonté de Julien, qui s'était engagé comme simple soldat dans l'armée coloniale.

A Mural, une telle décision eut de quoi stupéfier les indigènes. La curiosité de tous les habitants fut suscitée ; on se perdit en conjectures ; mais on ne put interroger personne, car les de Saint-Ménard avaient fait la conduite à leur fils jusqu'à Marseille, et le Vieux-Château était fermé jusqu'à nouvel ordre.

Dans sa maison de la rue du Sentier, la tante Berthe se frottait les mains, et attribuait la réussite de son stratagème à la médaille miraculeuse qu'elle avait rapportée de Lourdes, et qui ne la quittait jamais.

Aline Tarpet était rentrée dans la maison aux panonceaux ; elle faisait le bonheur de sa mère ; mais sa gaieté s'était presque évanouie. La notairesse pensait que les quelques jours de couvent avaient effectué cette transformation chez sa fille. Les parents comprennent si peu leurs enfants, même quand l'affection la plus intime les unit ; il faut être du même âge pour savoir se comprendre, et encore faut-il un don spécial du cœur et de l'intelligence pour en arriver là. Aline se sentait désespérément seule ; mais elle ne se plaignait pas ; elle demandait seulement qu'on ajournât son entrée dans le monde.

Dans la petite ville de Mural, les jours ternes suivent les jours monotones, lentement et sans variété. Rien d'anormal ne survient. Il n'y a rien de changé, excepté que les volets du Vieux-Château sont toujours clos. On raconte dans le pays que la santé de monsieur de Saint-Ménard s'est altérée, et que le médecin lui a ordonné de séjourner durant l'hiver sur la Côte d'Azur. Mais on ne sait rien de positif sur la famille, et, tout en faisant mille suppositions diverses, on s'occupe des petites affaires de l'endroit, et les sciences culinaires ainsi que la gastronomie fleurissent de plus en plus dans le pays.

Les bois prennent déjà leur teinte rousse et dorée ; les promenades sont jonchées de feuilles mortes qui bruissent sous les pas ; les pluies commencent à tomber, les jours décroissent ; au-dessus du beffroi moyenâgeux et des fossés, monte un brouillard gris, aussi triste et aussi morne que le vaste ennui qui enveloppe la vieille cité.

CHAPITRE XIII

LETTRE DE JULIEN DE SAINT-MÉNARD À SES PARENTS

A Monsieur de Saint-Ménard.
MAISON DU VIEUX-CHÂTEAU,
MURAL (MEURTHE-ET-MOSELLE).

Prière de faire suivre.

TUNIS, *le* 15 *janvier*, 1912.

MES CHERS PARENTS,

Nous étions convenus que je vous écrirais au débarquer, et je m'empresse de vous envoyer un mot pour vous rassurer sur mon compte. Notre traversée s'est effectuée sans incident, mais le temps a été déplorable et la marche du navire a été retardée par une tempête cyclonique. Nous avons embarqué bien des paquets de mer, qui n'ont pas trop arrangé nos bagages. Le capitaine disait tout le temps : " La brise fraîchit." Et elle a tant fraîchi, cette brise, qu'elle est devenue ouragan. Vous pouvez vous imaginer si nous avons eu du roulis et du tangage, et, pour varier, du tangage et du roulis !

Arrivé à Tunis, on ne pense déjà plus aux petits désagréments du voyage. Le ciel est éclatant, et le soleil est presque cruel, tant il est radieux. On me dit que je me fatiguerai de ce ciel sans nuage, qui est bleu aujourd'hui comme hier, et comme il le sera demain ; mais on me dit tant de choses que je ne sais plus que croire. Cependant, je m'en rapporte à la bonne foi de mes camarades. Me voici installé à la caserne, et, à peine arrivé, je rêve déjà d'être sergent ; c'est bien ambitieux de ma part, mais je tiens à ce que vous soyez fiers de moi. A ce qu'il paraît, c'est un honneur tout spécial que de servir aux bataillons de l'armée coloniale. La tâche y est plus difficile qu'ailleurs, et de plus, il y a l'attrait du danger. Chère petite mère, ne vous effrayez pas ; rien à craindre pour

moi pour l'instant qu'un coup de soleil ; et je ne cours
même pas ce risque, puisque, pendant huit jours, je n'ai
pas la permission de sortir de la caserne. C'est le même
règlement qu'à la caserne de Mural ; un soldat ne doit
pas sortir du quartier pendant la première semaine, de
crainte qu'il ne sache pas saluer ses supérieurs, de crainte
qu'il ne sache pas marcher au pas réglementaire, de crainte
qu'il ne connaisse pas la ville ni les lois spéciales qui la
régissent, etc., etc. Je n'ai donc encore rien vu ; excepté
qu'en passant du port au logement, j'ai aperçu un charmeur de serpent, à moitié nu, qui faisait ses tours sur la
place du marché ; il élevait deux vilains reptiles, et les
faisait évoluer au-dessus de sa tête avec des contorsions
démoniaques ; et la foule bigarrée le regardait faire. Je
suis sûr que, rien qu'à l'idée, maman a déjà la chair de poule.
J'aurais voulu rester à regarder ce charmeur, mais on nous
a fait filer bien vite. Nous ne sommes pas beaucoup au
peloton, et nous nous connaissons déjà bien ; quand on
mange, et qu'on dort, et qu'on travaille ensemble, on
devient amis tout de suite, et surtout quand on cause des
choses d'Europe sous ce ciel de feu. Le colonel Lefèvre
m'a touché deux mots. Il m'a dit que l'essentiel, c'était
d'avoir du " cran." Petite mère, savez-vous ce que c'est
que du " cran"? Eh bien, c'est du courage; et vous en avez
eu, vous, du " cran," quand vous m'avez permis de partir;
je sais tout ce qu'il a dû vous en coûter, et je vous remercie
du fond du cœur de votre abnégation. Je me trouve très
bien de la vie militaire. La semaine prochaine, j'espère
partir pour le Maroc, et j'aurai du nouveau à vous raconter.
Mais voici les clairons qui sonnent le couvre-feu ; il ne
me reste que le temps de vous embrasser, chers parents ;
merci de toutes les bontés que vous avez eues pour

Votre fils qui vous aime

JULIEN.

Un charmeur de serpent

CHAPITRE XIV

Lettre de Julien de Saint-Ménard à ses Parents

A Madame de St Ménard.
MAISON DU VIEUX-CHÂTEAU,
MURAL (MEURTHE-ET-MOSELLE).

CASA BLANCA, GOUVERNEMENT DU MAROC,
24 *février*, 1912.

MES CHERS PARENTS,

Je vous vois d'ici lisant ma lettre, les pieds sur les chenets, tandis que le vent gémit dans les vieilles cheminées du Vieux-Château, et que la neige fouette les vitres ; et me voici, moi, dans la région de Casa Blanca, au Maroc, sous un soleil accablant, guêtré de toile, coiffé d'un casque, et courbé la journée entière sous mon havresac, à moins que je ne sois monté à mulet. Notre bataillon a été envoyé en avant-garde, avec l'ordre d'éclairer notre division, et d'occuper une grosse ferme. Partout ici, on ne voit que des champs d'orge et de blé, des palmiers nains, des figuiers et des cactus. Les visages des indigènes sont très basanés, et ont toutes les nuances, variant de l'ébène à l'ochre ; mais, en moyenne, c'est plutôt le brun d'une pipe bien culottée. Les maisons sont éblouissantes de blancheur, ou encore elles sont bariolées de couleurs claires. Nous couchons sous les tentes, et dans des lits portatifs de toile et de fer. Quelquefois, sur de simples nattes ; on y est fort mal, mais on y dort fort bien. Qu'en dirais-tu, petite mère, si tu me voyais, toi qui aimais tant à venir me border le soir dans mon lit de palissandre, et qui craignais, dans ma jolie chambre bien close, que je n'eusse froid sous mon édredon. Ici, les nuits sont glaciales ; on est grillé de jour, et glacé de nuit. Il y a aussi des jours où nous avons faim, et surtout soif ; il y a certaines nuits d'insomnie, car les moustiques savent nous dévorer, et les puces leur font forte concurrence. Ce qu'il y a de plus terrible, c'est le sirocco ; quand ce vent souffle, on respire comme du feu. Mais, une fois une étape terminée, on met des bouchées doubles, et on finit par se moquer de ces privations et de ces misères quotidiennes de la vie errante ; on dort malgré la chaleur, et malgré la vermine, et on est hanté de rêves de France. Vos lettres me sont précieuses, chers parents, et je suis heureux de savoir que vous allez bien tous les deux. Les nouvelles que vous me donnez de Mural m'intéressent vivement. Je suis surpris d'apprendre que mademoiselle Tarpet se destine au cloître ; cela ne doit être qu'un de nos potins de village ; on m'avait dit, au contraire, qu'elle allait faire un grand mariage. Pardon d'écrire si mal, mais la correspondance n'est pas facile dans ce pays-ci, où il faut, tout le temps, écarter des essaims de mouches. Je suis aussi dérangé par le bruit que font les chameaux ; c'est simplement abominable ; imaginez-vous un grognement mêlé d'un hennissement et d'un sifflement et d'un gargouillement. L'atroce bête que le chameau ; il faut beaucoup aimer son métier de soldat pour supporter cet ignoble et hideux animal qui porte nos bagages. Notre colonne a parfois dix chameaux de front quand elle est en marche ; on dirait une chenille qui se déroule au loin entre les orges. Le spectacle est pittoresque ; les Arabes bronzés, portant des seaux de toile, arrivent pour fourbir les mors et les gourmettes. Un peloton de spahis aux manteaux de pourpre nous apporte des bidons d'eau potable. Les nègres sont aussi très nombreux, ils font d'excellents soldats ; ils ont une dévotion aveugle à la consigne, et n'abandonnent pas facilement la partie ; et puis, habitués au climat, et à supporter dès le bas âge toutes les intempéries, ils ont une résistance physique à toute épreuve. Les tirailleurs, les chasseurs d'Afrique, les zouaves algériens, venus des garnisons voisines, ont organisé un camp par les soins du colonel d'état-major Vincent. Un détachement de marins de Rabat a établi un bac et un ponton. Tandis que je vous écris, les trompettes des chasseurs et des spahis sonnent. Les officiers montent à cheval et les soldats sont montés à dos de mulet.

Demain nous exécuterons une reconnaissance vers Taza, et nous camperons ensuite à Gnercif où nous serons renforcés par deux compagnies coloniales.

Le général Dumont et sa suite sont rentrés à MᶜÇoun en auto-mitrailleuse, car on mande de Tanger qu'une escarmouche a eu lieu, le 20 février, entre des reconnaissances parties de Kacem et des groupes indigènes sur la route de Oudja. On dit que l'ennemi se décourage car les vivres et les munitions commenceraient à manquer. On parle de quelques tués et de plusieurs blessés. J'arrête mon récit, car je vois de loin, maman qui pâlit de peur ! Petite mère, ce qui t'amuserait ce serait de voir les bazars orientaux avec leur bariolage de marchandises étalées et leurs brocanteurs arabes ainsi que les commerçants juifs à soutanelle noire. Ici, il y a trois jours chômés par semaine : le vendredi est le jour férié des Musulmans, le samedi celui des Juifs, et puis il y a notre dimanche. Cela complique les choses. Mais il faut bien s'y faire. Je monte parfois à cheval et les leçons de manège que j'ai prises à Mural n'ont pas été perdues. Mon colonel m'a envoyé l'autre jour, avec une petite patrouille, à la ferme, parce que notre colonne s'était laissée distancer ; vous savez comme j'aime monter à cheval par tous les temps, et à toutes les allures. Mon petit talent équestre me vaudra peut-être de l'avancement. Mon anglais aussi est utile ici ; le colonel m'a aperçu l'autre jour entrain de lire une page du *Daily Mail* trouvée par hasard sous une tente :

" Ah ! Ménard, tu sais l'anglais ?

— Oui, mon colonel.

— Et où as-tu appris cette langue ?

— A Mural, mon colonel.

— Sais-tu aussi l'allemand?

— Quelques mots, mon colonel ; suffisamment pour répondre des sottises, si l'on m'en dit." Le colonel a souri, puis a continué : " Tu as donc beaucoup étudié?

— Nous avons une belle bibliothèque chez nous, mon colonel."

Et, là-dessus, il est parti en murmurant quelque chose entre ses dents. J'ai rêvé cette nuit que j'étais officier. Je sais bien que c'est irréalisable, mais que faire sur cette terre surchauffée, à moins de se leurrer de songes? J'allais finir cette longue lettre, mais je me suis mis à la relire, et je m'aperçois que je ne vous ai pas décrit notre arrivée au Maroc. Nous devions débarquer à Mamora, un petit port qui a refusé de nous recevoir ; tout ce littoral est inhospitalier et se prête mal au débarquement ; il y a la fameuse barre, qui n'a jamais assez d'eau pour permettre aux navires d'approcher ; et puis, il y a le ressac, causé par une ligne de rochers qui oblige les vagues à se retourner sur elles-mêmes. Notre capitaine a continué sur Rabat, et là, grâce à l'aide de petits Juifs qui entrent jusqu'à la ceinture dans la mer, et qui vous empoignent et vous posent à califourchon sur leurs épaules, on finit, presque malgré soi, par atterrir. Rabat est dans un site enchanteur ; il y a deux palais, et de beaux jardins en terrasses ; mais on ne nous a pas donné le temps de nous arrêter pour visiter cette ville qui paraît pourvue de conforts européens ; mais cela a été pour nous : " En avant, marche ! " ou plutôt, on nous a réembarqués pour Casa Blanca, je ne sais trop pourquoi. Nous voilà donc obligés d'affronter à nouveau le ressac, qui est plus terrible à Casa Blanca qu'à Rabat. L'Atlantique roulait des vagues énormes ; le débarquement fut périlleux. L'idée de tomber à l'eau n'était guère agréable, car, ou bien on se noyait, ou bien on était dévoré par les requins, qui foisonnent le long de

Un débarquement au Maroc

la côte. Les barques qui font le service d'atterrissage à Casa Blanca sont longues et hautes, et conduites par quatre rameurs qui manœuvrent avec une agitation fébrile, et des cris de paon, tandis que le ressac gronde et que la mer moutonne et jette son écume sur vous. Ce n'est pas amusant, de débarquer au Maroc ! Mais nous n'y sommes pas pour nous amuser. Cependant, je ne m'ennuie pas non plus.

A Casa Blanca, j'ai été invité chez un Arabe, avec trois de mes camarades. Je ne crois pas que maman aimerait leurs façons qui, cependant, ont un certain cachet.

Notre hôte était accroupi sur un superbe tapis, emmitouflé de son burnous ; à ses pieds, ses babouches, son Koran dans un sac brodé, et sa pipe à terre.

Pas de chaise, ni de table, ni de couverts. On nous a apporté un plat de cuivre où fumait le mets indigène, le *kous-kous*. Chaque convive se sert à même le plat, au moyen de ses doigts, et il jette la nourriture dans sa bouche sans que la main touche les lèvres. Il faut de l'adresse, presque comme au jeu de tonneau. Maman trouverait cette manière de manger peu convenable, mais il faut dire que l'Arabe se lave les mains avant chaque repas, et puis cette coutume nous apprend que chaque pays a son code spécial de la civilité puérile et honnête.

L'Arabe est très endurant, mais aussi il est très pareseux. Il a un proverbe qui dit :

" Ne cours pas si tu peux marcher.

" Ne marche pas si tu peux rester debout.

" Ne reste pas debout si tu peux t'asseoir.

" Ne t'assois jamais si tu peux te coucher."

Mais, voilà mon service qui me réclame ! Chers parents j'interromps cette lettre et je vous écrirai très prochainement.

Je suis, comme toujours,
votre fils dévoué,
JULIEN.

CHAPITRE XV

Madame de Saint-Ménard se tient, selon sa coutume, dans sa jolie chambre ; elle guette le facteur à travers les vitres de sa croisée. Tous les jours, et à toutes les distributions de lettres, elle s'attend à recevoir des nouvelles de son fils. Elle suit, en pensée, chaque étape de Julien ; elle le voit là-bas, parmi les spahis et les Sénégalais, entouré d'Arabes bronzés, de nègres à dents blanches, et de juifs à bonnets noirs. Officiers, tirailleurs indigènes, chasseurs, tout ce cortège se déroule dans son imagination. Elle voit Julien, étendu sur sa couchette, sous la tente, dormant du sommeil profond du soldat fourbu. Elle le voit creusant des tranchées, arrachant des palmiers nains, marchant à travers les cactus, les ronces et les chardons, faisant la corvée d'eau, ou bien montant la faction par les nuits glacées. Partout la pensée maternelle suit ce fils dévoué qui sait si bien initier de loin sa famille à tous ses faits et gestes. Et, comme autrefois quand Julien faisait du sport et allait au manège, madame de Saint-Ménard adresse une prière à saint Christophe, en égrenant son fameux chapelet. Dans la rue tranquille, tout a l'air paisible ; aucun bruit ne se fait entendre, sauf le sifflement des merles aux becs jaunes, et le chant des moineaux qui volent sur les tilleuls. Le ciel est nuancé de gris et de rose ; le lilas est en fleurs ; les pommiers jettent leur pluie neigeuse dans le jardin où croissent les simples que madame de Saint-Ménard cultive pour soigner ses pauvres ; avec ces humbles plantes elle prépare des potions, des tisanes, qui guérissent ou qui soulagent. La brave dame entr'ouvre la croisée ; un vent doux et tiède lui souffle au visage ; il fait trembler les feuilles des peupliers et des bouleaux ; enfin la vieille rue tortueuse s'anime ; quelques gamins arrivent en courant pour jouer à la toupie, signe infaillible du printemps qui s'annonce.

Mais voici le pas lourd du facteur qui résonne sur le pavé ; oui, c'est bien lui ; il tient une grande lettre. Dans son agitation, madame de Saint-Ménard ne peut presque pas tourner le bouton de la porte. Baptiste essoufflé vient apporter la missive sur un plateau d'argent. Madame de Saint-Ménard la prend fébrilement ; elle pousse un cri. Ciel ! ce n'est pas l'écriture de Julien ; c'est une lettre de la Préfecture, imprimée, adressée à Monsieur de Saint-Ménard ; celui-ci a entendu le cri de sa femme ; il monte chez elle, et, tout en l'attirant dans ses bras, il décachette le pli, et lit :

Prefecture de Meurthe-et-Moselle.
A Monsieur de Saint=Ménard.
Le Vieux=Château,
Mural (Meurthe=et=Moselle).
Nancy, le 5 avril 1912.

Monsieur, j'ai le regret de vous informer que le soldat de deuxième classe Ménard, Julien, de la 3ᵉ compagnie, du 1ᵉʳ bataillon des régiments coloniaux, a été tué à l'ennemi, près de Fez le 28 mars 1912,

Pour le préfet,
L. Gervais.

LETTRE DU COLONEL J. LEFÈVRE, AU MAROC, À MADAME DE SAINT-MÉNARD.

A Madame de Saint-Ménard.

MAISON DU VIEUX-CHÂTEAU,
MURAL (MEURTHE-ET-MOSELLE).
4 *avril*, 1912.

MADAME,

La Providence vous soumet à une épreuve bien douloureuse ; vous avez dû être informée officiellement par M. le préfet de la malheureuse affaire de la Semira, et de la mort de votre enfant. J'ai pensé que vous aimeriez avoir quelques détails.

Mardi, nous avions quitté nos cantonnements à Tala- houit pour aller disperser un groupe de rebelles qui nous avait été signalé aux environs. Vers trois heures de l'après-midi nous étions en vue du camp des Marocains ; un de nos officiers s'avança pour parlementer ; les Arabes le laissèrent approcher, puis ouvrirent le feu sur lui ; nous le vîmes tomber. Nous ouvrîmes immédiatement un feu bien nourri. Mais les Marocains allaient s'emparer du corps de notre officier et le mutiler, comme c'est leur habitude. C'est pour prévenir un tel outrage que votre fils s'est élancé vers eux. Il avait réussi à charger son officier sur ses épaules et nous avait presque rejoint quand, à son tour, il fut frappé d'une balle et tomba.

Transporté à l'ambulance, il ne survécut qu'une demi- heure à peine ; il a cependant eu le temps de me confier certains papiers que je vous remettrai moi-même, à mon retour, car je compte rentrer en France dans une semaine ou deux.

J'ai aussi à vous exprimer la sympathie de tous les chefs du soldat Ménard et de tous ses camarades, et à vous dire en leur nom, moi, leur colonel, combien ils estimaient et appréciaient votre fils. Puisse-t-il, aussi, vous être un réconfort de savoir que le soldat Ménard est tombé en brave.

Croyez, madame, que je prends une bien grande part à votre douleur, et acceptez l'hommage de mon plus profond respect.

COLONEL J. LEFÈVRE.

Il avait réussi à charger son officier sur les épaules

M.

Monsieur et Madame Louis de Saint=Ménard, Madame de Huelgat, Monsieur Jean de Saint=Ménard, Monsieur et Madame André Barche et leurs enfants

ont l'honneur de vous faire part de la perte douloureuse qu'ils viennent d'éprouver en la personne de

Monsieur Julien de Saint=Ménard

leur fils, petit-fils, neveu, et cousin-germain, mort au Maroc le 28 mars 1912, dans sa vingt-quatrième année.

Priez pour lui !

CHAPITRE XVI

La maison à pignons du notaire Tarpet avait ouvert ses larges fenêtres par cette tiède soirée d'avril ; les panonceaux brillaient, au linteau de la porte entre-baîllée ; de la rue, pavée irrégulièrement, on apercevait le vestibule, dallé de marbre blanc et noir, et les murs couverts d'affiches bariolées qui annonçaient les ventes de fermages ou les saisies de mobiliers. C'était bien là une demeure de province, significative de la vie qu'on y menait ; vie triste, abritée, et monotone. Quelques corbeaux passaient haut dans le ciel ; leurs croassements rauques réveillèrent mademoiselle Berthe Tarpet qui s'était assoupie, tout en ayant à la main une interminable broderie. Elle se tenait dans la salle à manger, qui donnait sur la cour, car elle était venue s'installer définitivement dans l'antique maison aux panonceaux depuis qu'Aline avait pris le voile au couvent de Notre-Dame à Paris. Malgré le chagrin du notaire et de sa femme, il avait bien fallu céder au désir de la jeune fille et passer par ce sacrifice. Aussi la demeure de la rue des Dîmes était-elle sans joie. Toute la gaieté s'était envolée avec le départ de cette enfant au doux visage, qui unissait à un grand courage une volonté ferme et inébranlable. Elle s'appelait maintenant mère Marie-des-Anges ; la pauvre madame Tarpet ne la voyait au couvent que deux fois par an. Aussi comptait-elle les jours sur un petit almanach, comme le ferait une écolière nostalgique.

La notairesse aurait préféré rester seule avec son mari et son chagrin. La présence de mademoiselle Berthe Tarpet n'ajoutait rien au charme de la vie quotidienne ; mais la vieille demoiselle était tout bonnement arrivée chez son frère, sans autre forme de procès, en disant qu'elle connaissait son devoir et qu'il lui indiquait la nécessité absolue de tenir compagnie à sa belle-sœur. Aussi avait-elle fermé sa maison de la rue du Sentier, congédié sa bonne, et transféré ses petites habitudes et ses nombreuses manies à la maison qui l'avait vue naître. Par ce jour de printemps, dans l'embrasure de la croisée, enfoncée dans une bergère, meuble de famille, elle soignait un rhumatisme qui la tenait depuis des semaines.

Madame Tarpet était au jardin, mais, comme l'heure de l'office sonnait, elle rentra dans sa chambre, prit un vêtement, posa son chapeau sur ses bandeaux lisses et neigeux, et remonta la rue vers l'église Saint-Jean. Elle espérait se rencontrer avec madame de Saint-Ménard ; car souvent elles faisaient route ensemble en s'entretenant de leurs enfants. On avait clos les volets du Vieux-Château ; on eut presque dit en signe de deuil. La notairesse fut prise d'une inquiétude vague qu'elle s'efforçait en vain de préciser ; elle résolut, au retour du salut, de s'informer de la santé de sa voisine, puis elle pressa un peu le pas, non sans une sage lenteur, afin de ne pas être en retard.

Les orgues chantaient en sourdine un motet bien connu ; Madame Tarpet se glissa dans le banc de sa famille, en vue de l'autel, et fit ses dévotions avec plus de ferveur encore qu'à l'ordinaire. L'atmosphère du saint lieu l'avait apaisée. Mais au sortir de l'église, la nouvelle du deuil qui avait frappé les de Saint-Ménard se répandit. Madame Tarpet en fut angoissée. Elle rentra vivement chez elle, et monta droit à l'étude du notaire. Il était sorti. La vieille dame, sans enlever son chapeau, s'abîma dans un fauteuil et machinalement, ainsi qu'on le fait dans les moments d'angoisse, elle lisait les inscriptions sur les cartons verts échelonnés : Testaments.—Partages par testament olographe.—Vente de fonds de commerce ; transports de créances ; procurations générales ; actes de décès.—Saisies judiciaires. Ses yeux se reportaient sur une minute recopiée, qui était restée inachevée sur le pupitre, puis sur le grand livre, et le coffre-fort, enchassé dans la muraille. Pour rien au monde, elle n'aurait pu supporter, à cet instant, la voix aigre de Mlle Berthe Tarpet ; elle avait besoin de calme et de silence. La notairesse reprenait, par le menu, tous ses souvenirs ; la naissance d'Aline, si mignonne et si blonde, et ses câlineries d'enfant et de jeune fille ; puis, elle songea à l'accident de Julien, survenu à leur porte, et à tous les soucis et chagrins qui en suivirent. Elle se reprocha soudainement de se plaindre, en pensant au désespoir de sa voisine ; au moins, Aline était vivante ; elle semblait gaie et heureuse à la dernière visite, elle menait une vie innocente et utile. Mais la pauvre Madame de Saint-Ménard ! quelle tristesse ! perdre ainsi son fils au loin, sans pouvoir l'embrasser avant sa mort...et la pensée de la vieille dame allait de Julien à Aline et d'Aline à Julien et les confondait dans un même soupir, et elle songeait à ce qui aurait pu arriver si des dissensions de famille, des haines aussi invétérées que ridicules, n'avaient détruit un bonheur si facile pourtant à réaliser. Et, les yeux usés de veilles et brûlés de larmes, elle relisait de nouveau.—Ventes et locations. Contrats de mariage, actes de naissances.... Tout à coup elle se leva ; car elle venait d'entendre le pas de son mari dans l'escalier tournant, et, derrière lui, arrivait le clerc, en manches de lustrine, afin d'achever la copie de la minute commencée. La notairesse ramassa son paroissien qui lui était tombé des mains et se glissa vite dans sa chambre. Que la maison aux panonceaux était donc morne et triste ! Elle aurait pu résonner des voix claires et gaies de jeunes gens heureux, qui auraient su répandre la joie autour d'eux, du fait même de leur propre bonheur.

DERNIER CHAPITRE

Au couvent de Notre-Dame, l'heure de la récréation venait de sonner ; les élèves descendaient au jardin, deux par deux, prenant au passage dans un grand panier le petit pain doré réservé à chacune pour le goûter. La joyeuse bande s'ébattait entre les beaux arbres, et, tout en grignotant les tablettes de chocolat qu'on sortait de sa poche pour accompagner le pain sec, on criait, on chantait et on courait. C'était un entrain ! un mouvement ! des fusées de rire cristallin jaillissaient de partout ; et puis, c'étaient des courses, des danses, des rondes, et de jolis cris, comme dans une volière au moment de la pâtée. Ce petit peuple était gardé par deux religieuses, aussi gaies que les écolières elles-mêmes. Dans les couvents, pendant les récréations, les maîtresses se font enfants avec les enfants, et s'ingénient à leur fournir des distractions variées. Il y avait un véritable plaisir à contempler un tel spectacle, dans ce coin tranquille au centre même du vieux Paris affairé ; on aurait dit une oasis à l'atmosphère pure, entourée de hautes murailles paisibles.

Le mois de juin avait fait éclore toutes les roses dans

Elle racontait une vieille histoire

les jardinets affectés à chacune des jeunes filles ; le réséda embaumait les niches où habitent les saintes images ; et les œillets blancs fleurissaient devant la statue de Notre-Dame du Beau-Temps, qui commande aux pluies et aux ouragans.

Au fond du jardin, la chapelle, au style ogival, forme une croix parfaite, et sur la terrasse, les orangers en fleurs se détachent sur un ciel bleu sans nuage, tandis que les bergeronnettes sautillent parmi l'herbe entre les dalles de la cour.

De toute la congrégation de Notre-Dame, la religieuse la plus enjouée était, sans contredit, Marie-des-Anges. Elle venait d'entrer en religion, et elle avait le don, si précieux, de répandre la joie autour d'elle ; elle pouvait dérider les fronts les plus maussades, était habile à prévenir et à chasser l'ennui, et savait entretenir une gaieté alerte et de bon aloi. Aussi était-ce une fête pour les pensionnaires, quand Marie-des-Anges surveillait la récréation. On se bousculait, on se pressait autour de la jeune religieuse, et on sollicitait, qui une histoire, qui une chanson, qui une partie de cache-cache ou de barres. Marie-des-Anges répondait à chacune avec bonne humeur, tandis qu'au fond des charmilles, la seconde religieuse examinait les plates-bandes et enlevait les chenilles, tout en veillant de loin sur le petit troupeau.

Justement on faisait cercle autour de Marie-des-Anges, charmeuse des esprits et des oreilles. Elle racontait une vieille histoire avec une malicieuse gaieté et des boutades spirituelles, qui faisaient partir des trilles de rire de tous les côtés. On était au plus beau du récit quand une cloche tinta. Quatre sons espacés, puis trois autres sons solennels. C'était l'appel au parloir pour une religieuse. Les enfants connaissaient parfaitement le coup spécial de chacune de leurs maîtresses, et elles se mirent à compter.

— "Un, deux, trois, quatre ; un, deux, trois. Oh !
c'est pour vous, Mère Marie-des-Anges. Quel malheur !
juste au moment où votre histoire était si jolie et si drôle ! "
Et les enfants s'accrochaient à la religieuse ; mais elle les
éloigna doucement en leur promettant de finir son conte
dès qu'elle reviendrait du parloir ; puis, faisant signe à sa
coadjutrice de prendre sa place, elle traversa la grande
cour d'un pas léger et digne, les mains cachées dans les
vastes manches du vêtement blanc de son ordre.

Au seuil d'une pièce crépie, au parquet luisant et
glissant, la jeune sœur s'arrêta.   En face d'elle se trouvait,
suspendu au mur, le tableau d'honneur qui portait les
noms des élèves couronnées à la dernière distribution de
prix.   Une vieille religieuse tricotait dans un coin, sous
le portrait d'une princesse en robe de brocart, fondatrice
de l'ordre.   L'autre mur était occupé par un immense
crucifix d'ébène incrusté d'ivoire.   Sur un paillasson, près
de la croisée, se tenait un officier en uniforme, la tête
découverte ; il salua profondément Marie-des-Anges.   La
religieuse lui répondit avec cette courtoisie qui est propre
aux ordres monastiques.

"Ma révérende Mère, dit l'inconnu..., et il s'arrêta
interloqué, car les ailes de la cornette ne cachaient pas
la jeunesse du visage angélique de son interlocutrice, et
ces mots de "révérende" et de "Mère" paraissaient
incongrus au brave soldat au moment même où il les
prononçait.

— Monsieur ?

— Ma révérende Mère, j'arrive du Maroc, où je com-
mandais la 3ᵉ compagnie, du 1ᵉʳ bataillon, de l'armée
Coloniale.

Un léger tressaillement des mains croisées sur le rosaire,
fut toute la réponse de la jeune Mère, tandis qu'un cliquetis
d'aiguilles se faisait entendre au fond de la salle, sous le
vieux portrait.

" Rien ne m'appartient plus "

L'officier reprit : " Madame, un de mes soldats, le jeune de Saint-Ménard, était de votre pays, je crois ; car c'est bien à mademoiselle Aline Tarpet que j'ai l'honneur de parler ?

— Oui, monsieur, c'était mon nom quand j'étais encore dans le monde ; en religion, je ne suis plus que mère Marie-des-Anges.

— Ma révérende Mère, dit le colonel, Julien de Saint-Ménard est mort en brave au Maroc ; il a été tué en essayant de sauver un de nos officiers. Transporté à l'ambulance, il est mort entre mes bras, et il m'a confié certains papiers que j'ai eu l'honneur de porter à sa pauvre mère. Dans une enveloppe qui vous est adressée, madame, il y a quelque chose que j'ai promis de remettre en vos propres mains."

La jeune religieuse écoutait tête baissée son interlocuteur, ne trahissant son émotion que par un battement momentané des paupières ; puis, ouvrant le petit paquet enveloppé d'un papier jauni, elle y trouva les feuillets mutilés du roman anglais qu'elle lisait au moment où Julien de Saint-Ménard était tombé devant la maison aux panonceaux. Refermant l'enveloppe, elle la rendit à l'officier : " Monsieur le colonel, j'apprécie fort votre démarche et je vous remercie d'être venu me trouver dans ma retraite ; mais veuillez reprendre ces papiers, monsieur, et les rendre à madame de Saint-Ménard. C'est à elle qu'ils appartiennent. Rien ne m'appartient plus, monsieur, et le monde a disparu à mes yeux."

Au loin, dans la salle, le cliquetis d'aiguilles s'est arrêté ; on dirait presque que du portrait de la fondatrice un sanglot est parti, et le colonel lisait machinalement des yeux la légende gravée sous le tableau :

" On peut plus qu'on ne croit."

L'heure de l'office vint à sonner ; mère Marie-des-Anges salua l'officier qui n'avait rien à répliquer à la courageuse réponse de la novice. Lui, le vieux soldat qui avait tant de fois affronté la mort, il tremblait presque devant cette bravoure sublime de la jeune religieuse ; et, saluant militairement ainsi qu'il aurait salué son supérieur, il quitta la salle, glissant avec ses éperons sur le parquet ciré, tandis que la sœur tourière lui ouvrait la porte avec un énorme trousseau de clefs qui faisaient carillon.

Mère Marie-des-Anges retourna au jardin, où les enfants jouaient encore ; elles l'accueillirent avec une joie bruyante, en lui criant de loin : " La fin de l'histoire, ma mère, la fin de l'histoire ! "

La religieuse reprit tranquillement son poste sous le beau marronnier ; les élèves, groupées autour d'elle, attendaient fièvreusement la conclusion du conte commencé. Mère Marie-des-Anges, pleine d'un sang-froid remarquable et d'une sérénité parfaite, termina sa narration avec la vivacité gracieuse qui lui était habituelle. Les élèves du couvent de Notre-Dame ont même ajouté que jamais, jamais, mère Marie-des-Anges n'avait aussi bien raconté que par ce beau jour du mois de juin.

Printed in the United States
By Bookmasters